观海文丛——华东师范大学外语学院学者文库

异彩纷呈的文化多棱镜

——中外文化国家历史研究文集

宋健飞　主编

南开大学出版社

天　津

图书在版编目(CIP)数据

异彩纷呈的文化多棱镜：中外文化国家历史研究文集 / 宋健飞主编. —天津：南开大学出版社，2020.6
（观海文丛. 华东师范大学外语学院学者文库）
ISBN 978-7-310-05899-0

Ⅰ.①异… Ⅱ.①宋… Ⅲ.①比较文化－中国、国外－文集 Ⅳ.①G04－53

中国版本图书馆 CIP 数据核字(2019)第 230990 号

异彩纷呈的文化多棱镜——中外文化国家历史研究文集
YICAI FENCHENG DE WENHUA DUOLENGJING
—ZHONGWAI WENHUA GUOJIA LISHI YANJIU WENJI

南开大学出版社出版发行
出版人：陈　敬
地址：天津市南开区卫津路 94 号　　邮政编码：300071
营销部电话：(022)23508339　营销部传真：(022)23508542
http://www.nkup.com.cn

北京建宏印刷有限公司印刷　全国各地新华书店经销
2020 年 6 月第 1 版　　2020 年 6 月第 1 次印刷
230×155 毫米　16 开本　13.625 印张　2 插页　196 千字
定价：48.00 元

如遇图书印装质量问题，请与本社营销部联系调换，电话：(022)23508339

卷首语

语言承载着文化，文化浸透于语言。通过外语学习和研究了解世界各国文明的历史和现状，借鉴其先进的理念与成功的经验，探析中外交流的渊源和跨越文化的接触，乃大多数外国语言文学和文化学者共同追求的重要目标。

本卷所纳论文以文化研究为主，兼收国情、文史佳作，13 篇所涉国度不同语种各异的文章包括了文化、政治、经济、艺术、文学和译介等诸方面的主题，从不同的视角和层面介绍、阐述和评析了所关注的问题，文笔各具特色，风格不尽相同，呈现了一幅色彩斑斓、内涵丰富的画卷。这里有深厚的史海钩沉，细腻的艺林探幽，专题论述纵横捭阖，人物特写精致入微。开卷阅览，可见电影与戏剧相映，政治和经济同辉，文学概述与译事评点共处，科技之光和高教创举并存，教育对比发人深省，媒体分析拓宽视野，充分展示了华东师范大学外语学院广大教师人文兴趣宽泛、研究领域开阔的鲜明特质。

篇幅有限，权作一瞥，倘若这卷融文化、国情、历史诸题材为一炉的文集，能够得到读者的喜爱和鉴赏，为外界观察华东师范大学外语学院的部分学术成果打开一扇小窗，作者和编者则深感欣慰。

宋健飞
2016 年 1 月

目　录

资源经济和"资源诅咒"关系初探

——基于俄罗斯和澳大利亚的案例研究[①]

侯敏跃　李　沛

摘　要：资源对俄罗斯和澳大利亚经济具有重要意义。而"资源诅咒"命题强调资源财富与经济增长之间的负因果关系。为此，本文将两国的资源经济模式纳入比较分析的框架，借助"资源诅咒"命题的分析视角，对两国资源经济展开评估，针对引致两国资源经济异同及增长差异的相关因素提供了体系和单元层次的解释，并就"资源诅咒"论适用性及存在的缺陷展开论述。

关键词：俄罗斯；澳大利亚；资源诅咒；资源经济

Abstract: The "resource curse" doctrine focuses on the decisively negative correlation between rich resource endowment and economic gains. This article is intended to conduct a comparative assessment of Russia's and Australia's resource economies, with an attempt to examine if the doctrine applies to the two nations. Similarities and differences between the two economies are to be explored in the article to help understand and interpret the doctrine appropriately.

① 本文系教育部人文社会科学重点研究基地重大项目（11JJDGJW006）"中俄与中澳资源合作模式的比较研究"、上海市浦江人才计划项目（44880250）"中澳能源合作对中国经济发展的影响"、华东师范大学外语学院澳大利亚研究项目成果之一。本文发表于《世界经济研究》，2013 年第 11 期；中国人民大学书报资料中心复印报刊资料《世界经济导刊》2014 年第 2 期。

Key words: Russia, Australia, "resource curse", resource economy

资源与经济增长之间关系的研究由来已久。有观点认为，资源财富、对工业化至关重要的矿产储量、大量肥沃的土地乃是发展的重要积极因素（E. T. 盖达尔，2008:65）。但这个理念遭到"资源诅咒"命题的严峻挑战。该命题强调自然资源对经济增长的阻碍作用，至今已得到不少学科领域的认可。俄罗斯与澳大利亚均为资源大国，资源经济的发展状况对国民经济举足轻重。在资源可能产生诅咒的情况下，巨大的资源财富对两国而言意味着什么？两国的资源经济模式有何异同？是否陷入"资源诅咒"？这些是值得探究的问题。本文从"资源诅咒"的视角将两国的资源经济纳入比较分析框架，探索问题的答案。

一、"资源诅咒"论简介

"资源诅咒"概念最早由奥蒂提出并很快被学界接受。所谓"资源诅咒"是指由于资源禀赋与经济增长之间的因果性负关系，资源丰富的经济体将呈现比资源贫瘠经济体更差的表现。这一命题将资源禀赋作为自变量，将经济增长作为因变量来解释经济增长问题，导致自变量起作用的引发机制主要有以下四个。

第一，贸易条件恶化[①]。这个观点从国际贸易中相对收益分配的角度，利用体系影响单元的思路解释工业国和初级产品出口国之间经济差距拉大的原因：初级产品出口价格长期不变甚至下降和制成品出口价格的上升，导致出口初级产品的国家贸易条件恶化，致使国家经济增速缓慢。

---

① R. Prebisch, *Economic Development of Latin America and Its Principal Problems*[M]. New York: United Nations, 1950: 1-59; Hans Singer, The Distribution of Gains Between Investing and Borrowing Countries[J]. *American Economic Review*, 1950, 40(4): 473-485.

第二,"荷兰病"①。此见解认为,开发资源带来的丰厚收益将给经济的长远发展带来几个致命后果:一是巨额外汇收入引发本国货币升值带来的"支出效应"阻碍非资源部门的发展;二是资源收益促使劳动力和资本从非资源部门流向资源部门,形成"资源推动效应";三是资源收益导致国内对制造业产品需求的提升,但由于本国制造业竞争力欠缺,引发大量进口制成品,进一步加剧制造业的萎缩和衰落。这些后果最终削弱了一国长期增长的动力。

第三,挤出人力资本②。这个意见强调资源繁荣将损害人力资本积累:众多劳动力从事低技术的资源行业,将无心提高自身及子女的教育水平,从而挤走"人";同时,这也不会激励政府和社会投资教育,从而将"钱"挤走。因而,资源收益损害人力资本积累,导致经济增长困乏。

第四,制度弱化。该视角提出,丰盛的资源收益将从两方面扭曲国家制度:一方面引致利益集团向政府寻租以获取资源控制权,形成外部扭曲;另一方面,资源财富增强政府控制能力的同时降低维护原有制度的成本,形成"路径依赖"。内外扭曲严重弱化原有制度,经济跃升的制度保障缺失,致使长期增长乏力。

二、俄、澳资源经济概况

俄罗斯和澳大利亚均为资源大国,但受资源构成的影响,两国的资源经济模式显现出不同特点。俄国的资源经济主要由油气构成,澳大利亚则是煤炭、铁矿、液化天然气为主的资源模式。以 2012年为例,俄石油探明储量和产量居世界第 8 位和第 2 位,天然气探明储量及产量列世界第 2 位;澳煤炭探明储量和产量在全球排第 4位和第 3 位,铁矿石储量及产量均居世界首位(BP,2013:6, 8, 20, 22,

---

① W. Max Corden and J.Peter Neary. Booming Sector and De-Industrialisation in a Small Open Economy[J]. *The Economic Journal*, 1982: 825-848.

② Thorvaldur Gylfason. Natural Resources, Education and Economic Development[J]. *European Economic Review*, 2001: 847-859.

30-33; BREE，2012:90）。同年，澳大利亚是全球第三大液化天然气出口国，可望于 2017 年超越卡塔尔，成为世界头号液化天然气生产国和出口国。

2000 年以来，在新兴经济体强劲增长拉动下，资源价格一路走高，世界经济进入一个新的长周期①。在体系层次价格变动影响下，俄、澳资源经济发生显著变化（图 1）：一方面，两国资源产品出口值和比重持续增长，资源经济在国民经济中的重要性趋强；另一方面，两国经济对资源的依附状况出现分化，俄罗斯对资源的依附程度高于澳大利亚。

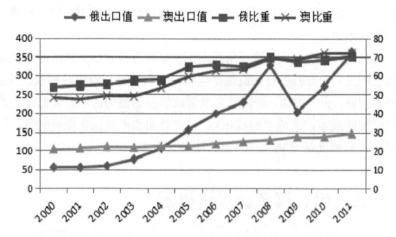

资料来源：俄统计局网站；BREE， Resources and Energy Statistics 2012.

图 1　俄、澳资源产品出口值及占商品出口总值比重②

总而言之，俄、澳资源极为丰裕，但资源经济模式各具特点并持续强化。因而，在"资源诅咒"视角下运用比较的方法研究异同相伴的俄、澳资源经济兼具现实和理论意义。

①"长周期"是指在主要经济体城市化和工业化的拉动下原材料价格持续时间很长（十年或更长时间）的增长趋势，其影响力的扩展将使大部分商品价格上涨，势必影响经济的持续增长。长周期受需求的驱动，一旦需求减弱这一周期便开始进入终结。所以，长周期影响整个经济体系的变动。

② 出口值对应左轴，俄罗斯出口值单位为 10 亿美元，澳大利亚出口值单位为 10 亿澳元；比重对应右轴，为百分比；澳大利亚的年份为财年。

三、俄、澳资源经济评估

在体系层次的资源价格和两国单元层次的资源模式均发生变化的情况下，本文沿着"资源诅咒"主要引发机制的论述路径对 2000 年以来的俄、澳资源经济进行对比评估。

1. 贸易条件恶化

新世纪以来，俄、澳的贸易条件并非贸易条件恶化论所言。2001－2011 年间，澳大利亚和俄罗斯的出口值年均增速为 15.8%和 17.9%，但两国纯易货贸易条件指数反而改善：以 2000 年为 100 计算，2011 年两者的指数为 200.7 和 234.2（World Bank，2013:tables 6.1）。从价格指数对比分析，新世纪以来初级产品的价格指数扭转了前 30 年的下降颓势，呈上升态势，而且增速明显快于制造业产品（图 2）。

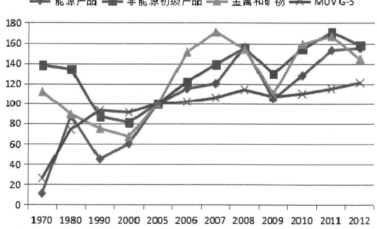

资料来源：根据世界发展指数历年数据整理。

图 2　能源产品与制成品价格指数（2005=100）[①]

---

　　① 此处制成品价格指数采用了 MUV G-5 指数，指的是法、德、日、英、美 5 国集团向中低收入经济体出口制成品的价格综合指数。由于这 5 国制造业产品的价格指数对于世界制造业产品价格指数具有重要的参考意义，所以本文选取该指数来指代制造业价格指数。

可见，俄、澳借助资源优势，贸易条件非但并未恶化，反而有所改善。但是，制造业产品价格指数远较初级产品稳定。这意味着，两国依然面临波动性引致的资源价格涨跌威胁。

2."荷兰病"检视

随着价格走高，俄、澳资源业强势增长。按照"荷兰病"逻辑，两国必将发生这样的变化：汇率升值→能源部门挤占制造业投资→出口结构初级化，最终引发"诅咒"。为此，有必要对两国进行"荷兰病"检视。

从汇率变化看，卢布和澳元的汇率都呈现上涨趋势（图 3）。研究证实，乌拉尔石油增长 1%将带动卢布实际汇率增长 0.5%（Oomes & Kalcheva，2007:22）。澳大利亚资源产业的繁荣是澳元在 2005—2011 年间大约升值 31%的主因之一（Corden，2011:2）。这说明资源出口增长带来了两国货币的升值。

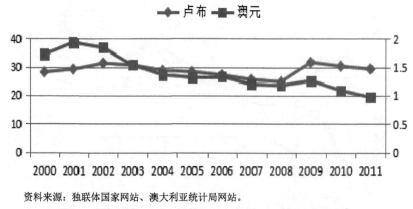

资料来源：独联体国家网站、澳大利亚统计局网站。

图 3　卢布和澳元的汇率变化（卢布/美元、澳元/美元）①

但从投资方面进行分析，两国情况却变得复杂。俄罗斯的固定资产投资中，能源开采、制造业中焦煤和炼油的投资增长都未显著上升，能源开采投资甚至还长期下滑（最近两年才有回升）。制造业的投资

---

① 卢布汇率对应左轴，澳元汇率对应右轴。

占比虽未上升，但在 2002 年已超过对能源开采的投资。因而，卢布汇率上涨并未形成能源对制造业的挤出效应（图 4）。

在资源价格上涨的同时，澳大利亚整体投资持续高涨，但是出现矿业投资一路飙涨和非矿业投资持续下滑的局面（图 5）。从产业竞争看，制造业的增速则明显放缓，2000－2009 年年均增速为 0.9%，同期农矿业的增速为 2.94%（黄梅波、魏嵩寿、谢琪，2011:40）。体现出资源产业对制造业等非资源产业的挤出效应。

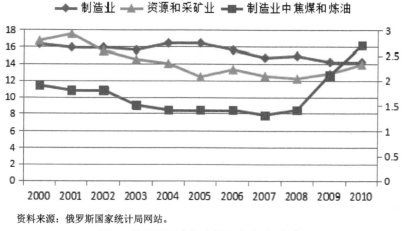

资料来源：俄罗斯国家统计局网站。

图 4　俄罗斯固定资产投资占比（%）[①]

在汇率和投资变化的影响下，俄罗斯和澳大利亚的出口结构也发生了显著变化（图 1）。资源产品的出口值在总出口中的占比节节攀升，近期已逾 70%。两国的出口结构显露初级化特征。

整体而言，俄国虽有汇率上涨和出口结构初级化现象，但未显现资源产业对制造业的挤出效应，俄国经济呈现资源依附性特征，却未表现出典型的"荷兰病"现象。澳大利亚则在很大程度上显示了资源部门对非资源部门的挤出效应，略现"荷兰病"征兆。

---

① 制造业中焦煤和炼油投资占比对应右轴，制造业、资源和采矿业投资占比对应左轴。

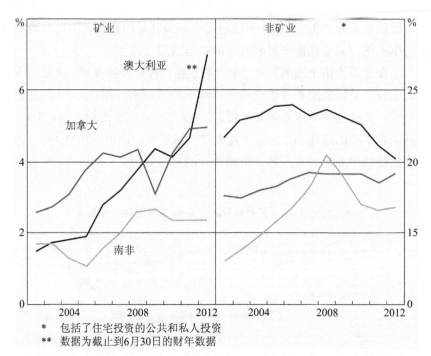

资料来源：Ellis Connolly, Jarkko Jääskelä and Michelle van der Merwe, The Performance of Resource-exporting Economies［R］. RBA Bulletin, September Quarter 2013.

图 5　澳大利亚矿业与非矿业部门投资占名义国内生产总值（GDP）比重（%）

3. 人力资本评估

本文以教育投入占公共支出比重及高等教育入学率来衡量人力资本积累[1]。

相较来看，尽管两国资源部门急剧扩张，但教育占公共支出的比重并未大幅下滑（见图 6）：俄出现缓慢上升的趋势，澳则保持较高水平的稳定态势，说明资源产业扩张在两国没有产生挤压公共教育支出的恶果。相反，资源收入的增长带动了俄国的教育支出。从国际横向比较看，两国的教育支出占比正不断接近英美两国。可见，俄、澳

---

[1] 选择这两个指标的原因在于"挤出人力资本"的观点强调资源产业的繁荣导致教育被政府和社会所忽视，对教育的投入减少，对高等教育追求的动力减弱，也就是挤走原本应该属于教育的"人"和"钱"。

教育支出状况不断得到改善。

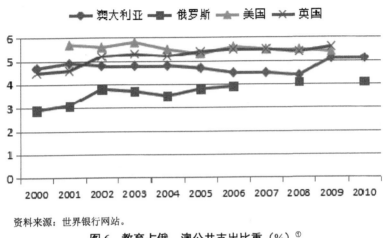

资料来源：世界银行网站。

图6 教育占俄、澳公共支出比重（%）[①]

"诅咒"论者认为，资源产业对高素质人才的需求不大，将导致资源富饶国家高等教育人才缺失，产生人力资本积累不足的现象。为此，本文用高等教育的入学率检测两国高素质人才的积累状况。新世纪以来，两国的高等教育入学率都表现持续上涨的势头（图7）。这说明，两国资源部门的快速增长没有产生对高等人才培养的明显挤压现象。

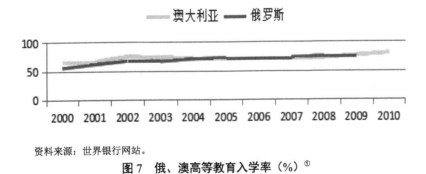

资料来源：世界银行网站。

图7 俄、澳高等教育入学率（%）[①]

---

① 俄罗斯2007年、2009年值缺失，美、英两国2009年值缺失。

因此，俄、澳资源产业的发展既没挤走"钱"，也没挤走"人"。俄罗斯资源带来的充足资金，反而逐步扭转了转型前期教育投入减少的现象，人力资本状况得以改善。澳大利亚则始终保持了较高的教育投入和高等教育水平。

4. 制度比较

沿着制度恶化的思路，本文从外部和内部扭曲两个路径检视两国制度。

从外部扭曲看，俄罗斯腐败情况较为严重，无论与美日还是与其他金砖国家比较，腐败状况更为严峻，尚未出现好转迹象；澳大利亚一直保持较高的廉洁指数，没有出现寻租活动加剧的症状，与同为发达国家的美日相比也表现出了稳健的廉洁状况[2]。外部扭曲力在俄罗斯产生了恶果，而在澳大利亚则受到遏制。

为评估内部扭曲力，本文选取世界治理指数（WGI）数据库的政府效率、管理质量、法治和控制腐败四项指标予以对比（表1）。两者相较，俄罗斯各项指标都落后于澳大利亚。纵向看，澳大利亚各项指标始终保持较高得分；俄罗斯的各项指标都未明显改善，始终处在低位，且对腐败的控制呈下降趋势，整体质量出现弱化。

在资源产业冲击下，俄罗斯出现了腐败加重，整体质量弱化的现象。澳大利亚则成功避免了腐败加剧、制度弱化的"魔咒"，保持了良好的质量水平。

---

① 俄罗斯 2010 年的大学入学率数据缺失。两国的入学率存在叠加计算。
② 这一状况可在透明国际网站每年公布的贪腐印象指数中得到充分体现。参见 http://www.transparency.org/.

表 1　俄、澳治理指数（%）

年份	政府效率		管理质量		法治		控制腐败	
	澳	俄	澳	俄	澳	俄	澳	俄
2000	92	23	95	28	95.22	13.4	94	17
2003	93	40	94	48	95.69	20.1	94	28
2006	94	37	95	37	94.26	19.14	95	21
2007	96	42	96	42	94.26	16.75	96	16
2008	95	43	97	38	95.19	19.71	96	12
2009	96	44	98	39	95.26	24.64	96	11
2010	96	42	94	40	94.79	26.07	96	12
2011	95	42	97	39	96.24	25.35	97	13

资料来源：世界治理指数数据库。

5. 整体经济评估

　　资源对经济增长的副作用是"资源诅咒"的落脚点。为此，评估俄、澳经济增长状况便不可避免。为做到全面评估，本文将同时考察经济增长速度和稳定性。

　　增长速度上，俄罗斯 GDP 年均增长率远超澳大利亚（图 8）。多边对比中，俄罗斯年均增长高于美、日及巴西，澳大利亚年均增长率高于美、日，紧随巴西[①]。就增长率论，两国表现都不错，但俄高于澳。

---

　　① 经计算，2000－2011 年间，俄罗斯的 GDP 年均增长率为 5.3%，澳大利亚为 3.1%，巴西为 3.6%，美国为 1.8%，日本为 0.8%。

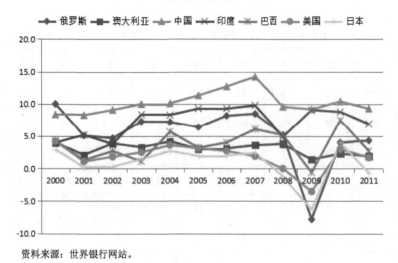

资料来源：世界银行网站。

图 8　金砖四国和澳、美、日 GDP 增长率（%）

　　为避免因经济规模差异等因素导致的偏差，还需考察增长稳定性。2000—2011 年，俄罗斯经济增长的标准差为 4.5151，澳大利亚为 0.9239，俄经济远不及澳稳定。国际横向比较评价，澳经济的稳定性不仅强于金砖四国，而且好于美、日两国；俄则是金砖四国中经济增长最不稳定的国家，更无法与美、日相较。在稳定性上，澳大利亚远超俄罗斯。

　　因而，从经济整体状况的评估可知：在资源部门拉动下，两国经济比同类型国家增长快，这成为两国经济增长的共性[①]。但两国经济的稳定性呈现较大差异：俄罗斯经济的稳定性远落后于澳大利亚。这说明，资源经济冲击下的现实情况比"资源诅咒"命题提供的视角更具复杂性。

---

　　① 俄罗斯在实现 10 年经济增长奇迹的同时，澳大利亚则保持了 20 年的增长，这在发达国家中成为一个奇迹。

四、俄、澳资源经济对比分析

自"资源诅咒"视角比较评估俄、澳资源经济，得出了异同皆有的结果。因此，要分析"资源诅咒"是否有效，须对结果比较分析，以探索原因。

1. 引发机制共性分析

贸易条件恶化和挤出人力资本的解释逻辑在俄、澳资源模式中失效，成为两国资源模式的共性。为揭示其原因，本文对这两个共性展开分析。

（1）贸易条件改善缘由

资源价格始终受需求和供应的制约，因此贸易条件改善的原因可从这两方面进行分析。从需求看，以中国为代表的新兴经济体的迅猛增长以及世界人口的急剧增加，带动了对能矿资源的强烈需求。从供给讲，自然资源尤其是能源资源具有不可再生性，替代产品尚未出现，新的矿产也未大规模发现，世界资源的供给量近期没有大幅增长[①]。在需求增长和供给有限的双重制约下，尽管各国纷纷出台新的政策来节约资源，但依旧无法阻止资源产品的价格上涨。贸易条件恶化论在体系变动的情况下变得不再灵验。因此，俄、澳资源模式的麻烦并非贸易条件所致。

（2）人力资本因何积累

俄、澳人力资本积累没有按照"资源诅咒"论的逻辑出现恶化。其原因在于，资源产业挤走"人"和"钱"的解释路径失效。首先，资源部门是资金密集型产业，对劳动力的需求不大，俄、澳资源产业的就业人口占总就业人口的比重始终较低。资源产业扩张会从其他部门挤走大量劳动力的说法一点即破。其次，资源丰足国家难以将收益投资到教育等人力资本积累上的观点也不符合现实，部分原因在于资源开采及相关产业离不开技术支撑。此外，投资教育的回报率较高，

---

① 必须谨慎指出的是，近期美国页岩气的开发可能带来新的能源革命，未来能源供应格局或被打破。

尤其是私人回报要高于社会回报，投资教育就成为资源丰沛国家和个人的重要选择。所以，资源产业弱化人力资本积累的论点依据不足。

2. 引发机制相异分析

俄、澳在"荷兰病"效应和制度比较上呈现不同状况，相对分析共性而言，两者的差异性尤其值得探究。

（1）"荷兰病"征兆差别诱因

澳大利亚一定程度上呈现汇率上涨→挤出投资→出口结构初级化的"荷兰病"征兆，但经济增长没有减缓，这与资源价格上涨引致资源产业迅猛发展有关。新兴国家对铁矿石、煤炭等资源需求的持续旺盛带动资源价格上升，促使澳大利亚国内经济结构变化。最先的变化就是资源业繁荣和汇率上涨。资源收益的吸引，形成投资向资源行业聚集的趋势，挤占了制造业投资。而资源产业中间设备进口的增长，则加重了制造业的衰落。但是，资源价格增长和出口市场稳定，带来经济增长的外部稳定；处在"后工业化"阶段的经济进程、完善的制度和有效的政策，则形成内部稳固。两者给澳大利亚的经济加上了"双保险"。因而，澳大利亚虽出现"荷兰病"征兆，但未发生"荷兰病"结果，资源繁荣促进经济增长而非停滞。

俄罗斯经济出现汇率上涨→未挤出投资→出口结构初级化的状况，无法用"荷兰病"解释。导致这一状况的原因并非资源部门对制造业部门投资的挤压，而是制造业产能不足和资本缺乏。俄国制造业的生产指数始终未恢复到 1991 年的水平，但能源行业 2003 年即已复原到 1991 年的水准。这一差距反映出制造业产出不旺，对经济推动力不足，从而造成出口结构的初级化。同时，俄罗斯投资匮乏，大量的外商投资又集中在能源行业，制造业投入严重不足。从而导致制造业的中间产品需大量进口。由于卢布升值，这一进口反而有利于制造业的发展，资源的挤出效应未生效。实际上，只要制造业产能回升，效率上扬，投资增长，俄罗斯的出口结构就会改变，形成出口的多样化。

（2）制度相异分析

俄罗斯制度的弱化与澳大利亚制度的稳健形成鲜明对比,缘由在于资源出口和制度互动的差异。

资源出口对俄罗斯制度的弱化体现在两个层面:一是资源价格上升带来暴利,刺激寻租、腐败等现象滋生,直接冲击尚不完善的制度;二是资源收益阻碍了原应进行的改革,统治精英们热衷于享受安逸的经济行情, 缺乏推行国家现代化改革的强大动力（Giordano & Ryabov, 2011:9）。资源的冲击同样在澳大利亚存在,使得澳大利亚减弱了改革动力, 享受资源收益带来的安乐"瘾"（Bloxham, 2011:19-20）。但由于澳大利亚无论是政治制度还是经济制度都远比俄国完善,阻止了资源引发的制度恶化,将资源的冲击关进了制度的笼子。

可见, 资源繁荣在制度低下时会变成恶化制度的"黑手",但在制度完善的条件下, 负面影响可得到遏制。关键在于"人"的因素,只要制度架构完备,资源就不会成为洪水猛兽;反之, 资源就会助长腐败, 弱化制度。

3. 经济增长状况分析

资源作用下的俄、澳经济状况呈现异同现象:两国经济都高速增长的同时,稳定性出现差别。从体系和单元互动的视角看,至少有三个因素起关键作用:政策作用、体系冲击力和内部扭曲力[①]。

（1）政策作用

俄罗斯利用资源获取了巨大收益,同时也保持了高速增长,极为重要的原因是,大力推行能源优先与保守性财政相结合的政策。在抑制资源冲击带来的通货膨胀时,构建了维护经济稳定的缓冲基金。这些政策在普京"部分国有化"的方针下,借助国家力量得以强力贯彻,从而保证了俄国经济的高速增长。

面对资源带来的财富和挑战,澳大利亚采用了内外结合的政策。

---

① 需要指出,引发机制分析的各个因素也同时起作用,此处分析的三个因素在整体层面发挥关键作用。

面向中国等新兴国家谋求资源出口的稳定市场,有效应对外部市场风险;自律的财政政策和有效的制度建设,增强了国内经济的灵活性和敏感性。这些政策的实施助推澳大利亚经济实现增长和稳定。

因而,政策的作用使两国减弱了资源价格冲击,遏制了经济衰退。

(2) 体系冲击差异

俄罗斯是高度依赖油气的资源模式,澳大利亚是依赖煤铁的资源模式,俄、澳资源模式的各自特点给两国经济带来了不同影响。面对资源价格这一外生变量时,资源模式的差异常使国家的外部脆弱性相异。

俄国对油气的过度依赖导致对油价的过度敏感,在油价的频繁波动下,经济面临高度的外部脆弱性。当危机来临时,无法阻止外国资本外逃和本国民众信心的下滑,纵有有效的反危机措施也成枉然,经济必然大起大落。澳大利亚的煤铁模式依赖新兴市场,比俄国幸运许多。中国稳健的经济给澳大利亚提供了外部"安全带",使煤铁价格在危机期间依旧坚挺,同时较低的资源依赖限制了资源价格波动的冲击力。较小的体系冲击力是澳大利亚经济稳定的重要原因。

(3) 内部扭曲差异

内部扭曲问题与外部脆弱性同样严重①。经济增长与历史有着紧密联系,制度结构和经济水平制约着政治精英们追求目标的组织能力和可供选择的工具。在转型背景下,面对油气洪流,俄国无力抗拒"油气瘾",经济结构的畸形和制度改革的缓慢相伴而生,不得不忍受着资源产业膨胀带来的内部扭曲。处在发达工业阶段的澳大利亚以完善的制度架构和多样的经济体系有效应对资源财富的挑战。资源的扭曲力在制度监管和经济弹性下受到限制,形成较为稳健的经济增长局面。但出口结构的畸形说明内部扭曲的挑战依然存在,有待澳大利亚进一步解决。

---

① [美]斯蒂芬·哈格德.走出边缘——新兴工业化经济体成长的政治[M].陈慧荣,译.长春:吉林出版集团有限公司,2009:7.

五、结论

通过对俄、澳资源经济的评估和分析，初步可做如下结论：

第一，"资源诅咒"具有一定解释力。虽然其他因素对"资源诅咒"的发病途径进行了制约，但俄、澳均未完全脱离"资源诅咒"的阴影。这一命题至少部分解释了两国资源经济中存在问题的原因。资源对经济增长的负冲击力始终存在，体系层次的价格波动和国内层面的扭曲时时威胁两国经济稳定，迫使两国依赖政策进行抵制。俄国制度恶化以及资源模式形成的"俄罗斯病"[①]，澳大利亚经济初显的"荷兰病"症状，都说明"资源诅咒"具有一定解释力。

第二，"资源诅咒"命题不完善。"资源诅咒"无法解释俄、澳经济增长的差异，可见其以简约的理论建构尚能初步解释不同属性国家为何不发展的原因，但无法解释资源富裕国家间发展的差异性。此外，其只强调资源禀赋与经济增长的因果性，忽视了因果性与相关性的区别，无法解释俄、澳为何没有完全陷入"诅咒"之中。更为重要的是，"资源诅咒"引发机制的解释力有待商榷。"荷兰病"的发病前提受到主动限制，其前提必须是资本充足且劳动力充分就业。在资本匮乏的俄国，其无解释力，也无施展空间。在劳动力过剩的广大发展中国家解释力将更加薄弱。"挤出人力资本"说则不符合资源产业发展的现实，因而在俄、澳两国都同时失效。这些都说明"资源诅咒"命题的理论缺失。

第三，"资源诅咒"命题具有时效性。"资源诅咒"是在特定经济条件下的时代产物，存在于一定历史时期内，受历史阶段的制约。就本文研究看，"贸易条件恶化论"在当今条件下或已时过境迁，难以为现有问题提供令人信服的答案。从现实政策看，按照这一论点开出处方实施进口替代战略的国家也没有取得成功。进口替代远非降低了外部脆弱性，反而增加了这种脆弱性。"制度弱化"的引发机制在制度完备、经济成熟的澳大利亚没有出现，在转型的俄罗斯则施展魔

---

① [日]久保庭真彰. 俄罗斯经济的转折点与"俄罗斯病"[J]. 俄罗斯研究，2012（1）：40-91.

力。说明资源对制度的成功弱化并非伴随一国经济发展的所有阶段，随着国家经济发展阶段的演进，资源的弱化作用将会得到遏制。

概而言之，"资源诅咒"命题既有理论上的不足，亦受时代和国情的限制，作用十分有限。

参考文献

[1] [俄]E. T. 盖达尔. 帝国的消亡——当代俄罗斯应从中汲取的教训[M]. 王尊贤，译. 北京：社会科学文献出版社，2008.

[2] 黄梅波，魏嵩寿，谢琪. 澳大利亚经济[M]. 北京：经济科学出版社，2011.

[3] [日]久保庭真彰. 俄罗斯经济的转折点与"俄罗斯病"[J]. 俄罗斯研究，2012，（1）：40-91.

[4] [美]斯蒂芬·哈格德. 走出边缘——新兴工业化经济体成长的政治[M]. 长春：吉林出版集团有限公司，2009.

[5] Bloxham, Paul, Does Australia Have a Resource Curse[R]. Hongkong: HSBC Global Research, 2011.

[6] BP (British Petroleum), BP Statistical Review of World Energy June 2013[R]. http://www.bp.com/content/dam/bp/pdf/statistical-review/statistical_review_of_world_energy_2013. pdf.

[7] BREE (Bureau of Resources and Energy Economics, Australia), Resources and Energy Statistics 2012[R]. http://www.bree.gov.au/documents/ publications/res/Annual_RES_2012. Pdf.

[8] Corden, Max, The Dutch Disease in Australia Policy Options for a Three-Speed Economy[R]. Australian National University Working Paper, 2011.

[9] Corden, Max & Peter Neary, Booming Sector and De-Industrialisation in a Small Open Economy[J]. *The Economic Journal*, 1982: 825-848.

［10］Giordano, Christian & Andrey Ryabov, *Russian Challenges: Between Freedom and Energy*［M］. Bren: Peter Lang AG, International Academic Publishers, 2011.

［11］Gylfason, Thorvaldur, Natural Resources, Education and Economic Development［J］. *European Economic Review*, 2001: 847-859.

［12］Oomes, Nienke & Katerina Kalcheva, Diagnosing Dutch Disease: Does Russia Have the Symptoms?［R］. IMF Working Paper, 2007.

［13］Prebisch, R., *Economic Development of Latin America and its Principal Problems*［M］. New York: United Nations, 1950.

［14］Singer, Hans, The Distribution of Gains Between Investing and Borrowing Countries［J］. *American Economic Review*, 1950, 40(4): 73-485.

［15］World Bank, World Development Indicators 2013［R］. World Bank, 2013.

留日时期的鲁迅与嘉纳治五郎[①]

Interactions between Lu Xun as a Student in Japan and Kano Jigoro

潘世圣

摘　要："清国"留学生周树人与嘉纳治五郎的关联和交集，主要发生在留学"弘文学院"时期（1902－1904）。目前可见中日两国之资料文献，均无显示周树人与嘉纳直接交往或联系的纪录文字。但另一方面，深入了解周树人在那一时期的置身环境，包括社会、文化、知识和思想话语的情境后，会发现嘉纳以其独特理念和手法统帅运作弘文学院，构成了一个不同于其他的留学生教育观念和实践体系。周树人由这一时期开始，大幅度进入"现代鲁迅"的形成过程。在"嘉纳—弘文学院—周树人"这一关系结构中，存在嘉纳的诸多影响，嘉纳和他的弘文学院成为"现代鲁迅"形成的最早也是最重要的背景。很遗憾，关于这一问题的具体结构形态，一直未能得到人们的有效关注。

关键词：鲁迅；嘉纳治五郎；弘文学院

Abstract: The direct interactions between Zhou Shuren, then a student of the Qing Empire learning in Japan, and Kano Jigoro mainly

---

① 原载《东岳论丛》2015 年第 3 期。

occurred during the period of Kobungaguin (1902-1904), which, unfortunately, are not found in any of the Chinese and Japanese materials accessible to researchers. However, an in-depth study of the social environment in which Zhou Shuren lived, including the social, cultural, scholarly and ideological contexts, shows that a unique concept on the education of international students and an effective teaching system had formed in Kobungaguin as a result of Kano Jigoro's distinctive concept on education and his special mode of running the academy. Starting from this period, Zhou Shuren began to transform, rather dramatically, into what is known today as the "Modern Lu Xun. Obviously, Kano Jigoro and his Kobungaguin were the earliest and the most important elements that triggered this transformation. However, unfortunately, how the two men had interacted during this period has not attracted sufficient attention to date.

Key words: Lu Xun, Kano Jigoro, Kobungaguin

问题提起

嘉纳治五郎（1860－1938），现代柔道（也称"讲道馆柔道"）创始人、近代日本体育之父和教育之父。在中国，大概很少有人知道这个名字。但说到鲁迅研究界，情况应该有所不同。由于鲁迅在现代中国社会，尤其是在现代文学史上的崇高地位，作为鲁迅研究的关联部分，嘉纳以及他的弘文学院进入部分鲁迅研究者的视野。薛绥之主编的《鲁迅生平史料汇编·第二辑》（天津人民出版社，1982 年）之马力《鲁迅与弘文学院》和《与鲁迅在日本有关的地方》、裘士雄等《与鲁迅在日本有关的人物》，在较早时期为国内学者提供了部分有关嘉纳的基本资料，尽管这些介绍还比较简单粗略。后来，又有唐政《鲁迅与日本友人三题》（《鲁迅研究月刊》，1999 年第 6 期）等，也涉及鲁迅与嘉纳的关系。①

　　作为人物关系的传记性叙事，至少在表面上，鲁迅与嘉纳之间并没有太多的直接关联。鲁迅 1902 年 3 月赴日留学，进入嘉纳开设的弘文学院，成为该校的第一届学生。那时，鲁迅还只是一个年仅 22 岁的青年学生，而嘉纳，在年龄上已四十有三，相当于鲁迅的父辈；在身份地位上，嘉纳不仅是讲道馆柔道始创人和最高指导者，还在历经诸多要职后，担任东京高等师范学校（现筑波大学）校长，同时兼任弘文学院院长，在日本教育界和体育界有着举足轻重的影响力。两人在身份地位上迥然不同，这决定了鲁迅和嘉纳之间不太容易发生直接或曰对等的交涉交往。但另一方面，作为一个包含了语言教育、知识文化、学术教育以及异文化交流的综合性实体，弘文学院又将鲁迅和嘉纳收纳在同一系统中，令两者之间产生了各种隐性关联。嘉纳及其周边的各种情形，直接参与和影响了鲁迅留日时期的思想及人生建构，成为考察青年鲁迅不可或缺的重要部分，对嘉纳的理解，连接和制约着对鲁迅的理解。这里特别要强调，在鲁迅与嘉纳这个命题中，其意义和价值不仅在于两者之间存在显性或隐性关联，还在于嘉纳及其周边是早期鲁迅形成的"场"的重要组成部分。我们只有了解鲁迅置身的包含了思想文化、学术教育和日常生活的"综合系统"（场），才能对鲁迅的生成发展和贡献做出恰当合理的判断。

　　遗憾的是，与弟弟周作人（1885－1967）不同，鲁迅一贯慎谈自己的留日经历，散见于若干文章中的片言只语，全部加起来也不过一千多字，也就是说，出自直接当事人的证言少之又少：

　　① 本文系国家社会科学基金一般项目"留日时期鲁迅与明治日本之实证研究"（09BZW047）的阶段性研究成果；其中有关嘉纳治五郎的调查研究，得到日本国际交流基金 2013 年度"日本研究特别研究员"项目资助。另，本文使用了笔者多年来发掘调查的日文资料，除特别标注者外，均由笔者自日文直接译出，欢迎识者批评指教。

　　在其他先行研究中，稍早有杨晓、田正平「清末留日学生教育の先駆者嘉納治五郎—中国教育改革への参与を中心に一」（大里浩秋・孫安石編『中国人日本留学史研究の現段階』、東京：御茶の水書房、2002 年）；近期有潘世圣《嘉納治五郎：鲁迅的弘文学院院长》（台北：《国际鲁迅研究辑一》第 64–86 页，2013 年 10 月）一文，对嘉纳其人进行了比较系统的综合研究。另，荆建堂「「弘文学院」における嘉納治五郎の留学生教育思想」（東京：『神話と詩：日本閧一多学会報』(11) 43–65 頁、2013 年 3 月）、平田諭治「嘉納治五郎の留学生教育を再考する：近代日中関係史のなかの教育・他者・逆説」（『教育学論集』9、63–97 頁、2013 年）等，对嘉纳的留学生教育思想和实践问题进行了有益探索，可资参考。

然据中以言，则此次风涛，别有由绪，学生之哄，不无可原。<u>我</u><u>辈之挤加纳于清风，责三矢于牛込，亦复如此。</u>

（致许寿裳，1910 年 12 月 21 日）

东京也无非是这样。上野的樱花烂漫的时节，望去确也像绯红的轻云，但花下也缺不了成群结队的<u>"清国留学生"</u>的速成班，头顶上盘着大辫子，顶得学生制帽的顶上高高耸起，形成一座富士山。也有解散辫子，盘得平的，除下帽来，油光可鉴，宛如小姑娘的发髻一般，还要将脖子扭几扭，实在标致极了。（中略）中国留学生会馆的门房里有几本书卖，有时还值得去一转；倘在上午，里面的几间洋房里倒也还可以坐坐的。但到傍晚，有一间的地板便常不免要咚咚咚地响得震天，兼以满房烟尘斗乱；问问精通时事的人，答道，"那是在学跳舞。"

（《藤野先生》，1926 年 12 月）

在东京的客店里，我们大抵一起来就看报。学生所看的多是《朝日新闻》和《读卖新闻》，专爱打听社会上琐事的就看《二六新闻》。

（《范爱农》，1926 年 12 月）

政府就又以为外国的政治法律和学问技术颇有可取之处了。我渴望到日本去留学，也就在那时候。<u>达了目的，入学的地方，是嘉纳先</u><u>生所设立的东京的弘文学院；在这里，三泽力太郎先生教我水是养气</u><u>和轻气所合成，山内繁雄先生教我贝壳里的什么地方其名为"外套"。</u>这是有一天的事情。学监大久保先生集合起大家来，说：因为你们都是孔子之徒，今天到御茶之水的孔庙里去行礼罢！我大吃了一惊。现在还记得那时心里想，正因为绝望于孔夫子和他的之徒，所以到日本来的，然而又是拜么？一时觉得很奇怪。而且发生这样感觉的，我想决不止我一个人。

（《在现代中国的孔夫子》，1935 年 7 月）

（章太炎——引用者注）一九〇六年六月出狱，即日东渡，到了东京，不久就主持《民报》。我爱看这《民报》，但并非为了先生的文笔古奥，索解为难，或说佛法，谈"俱分进化"，是为了他和主张保皇的梁启超斗争，和"××"的×××斗争，和"以《红楼梦》为成佛之要道"的×××斗争，真是所向披靡，令人神往。前去听讲也在这时候，但又并非因为他是学者，却为了他是有学问的革命家，所以直到现在，先生的音容笑貌，还在目前，而所讲的《说文解字》，却一句也不记得了。

（《关于太炎先生二三事》，1937 年 3 月 10 日）

清光绪中，曾有康有为者变过法，不成，作为反动，是义和团起事，而八国联军遂入京，这年代很容易记，是恰在一千九百年，十九世纪的结束。于是满清官民，又要维新了，维新有老谱，照例是派官出洋去考察，和派学生出洋去留学。我便是那时被两江总督派赴日本的人们之中的一个。（中略）凡留学生一到日本，急于寻求的大抵是新知识。除学习日文，准备进专门的学校之外，就赴会馆，跑书店，往集会，听讲演。

（《因太炎先生而想起的二三事》，1937 年 3 月 25 日）

其中，提到嘉纳名字的，仅有 1910 年和 1935 年两次。因此，笔者首先根据多年来所进行的资料文献调查和其他考察，对嘉纳其人的整体状况进行梳理和描述。

一、嘉纳治五郎全貌

嘉纳治五郎是近代日本历史上的一个重要人物：他最具有影响力的贡献首推创立现代"柔道"，并将其普及推广成一种世界性的体育运动和体育文化运动，并因此成为亚洲第一位国际奥委会委员；他还是教育界的名人，曾做过文部省官员，担任过多所重要学校的校长，如第五高等中学校长（现熊本大学）、第一高等中学校长（现东京大学），特别是曾几次任"筑波大学"前身的东京高等师范学校校长，前后长达 26 年，是近代日本师范教育和中等教育的重要人物；他又是近代日本留学生（中国留学生）教育的开创者，创办了日本第一所从事留学生教育的学校，中国人熟知的陈独秀、黄兴、宋教仁、章炳麟、鲁迅、胡汉民、吴敬恒、杨度等许多人，都是他的毕业生。总之，嘉纳是近代日本名副其实的"柔道之父""体育之父"和"教育之父"①。

第一，嘉纳的出生及求学。1860 年（万延元年），嘉纳出生在日本神户市东滩区一个经营造酒坊的家庭。父亲与嘉纳家族本无血缘关系，因擅长汉学和绘画，深得嘉纳祖父喜欢，将其收为养子，并许配长女与之为妻，成为嘉纳家族一员。嘉纳幼年深受母亲熏陶，其日后的思想和实践，每每可以看到母亲仁慈、坚韧、克己利人品性的影子②。父亲非常重视子女教育，嘉纳 5 岁即随父亲延聘的老师学习儒学和书法，10 岁时，母亲去世，嘉纳和哥哥遂去东京与父亲一起生活，继续学习经史诗文。12 岁时，为适应明治日本学习西洋、文明开化的时代趋势，嘉纳进入洋学塾学习，13 岁入官立外国语学校英语科。16 岁进入官立开成学校，18 岁时，开成学校改成东京大学，嘉纳被编入文学部，学习政治学和理财学，22 岁毕业后，又进入文学部哲

---

① 有关嘉纳的传记性综合介绍，比较重要者有：「嘉納治五郎先生追悼号」（『柔道』1938 年 6 号、講道館）、横山健堂『嘉納先生伝』（講道館、昭和 16 年［1941］）嘉納先生伝記編纂会编『嘉納治五郎』（講道館、1964 年）、加藤仁平『嘉納治五郎』（『新体育講座　第 35 巻』、逍遥書院、1964 年）、松本芳三解説『嘉納治五郎著作集』全 3 巻（五月書房、1983 年）等。另有大泷忠夫《嘉納治五郎　我的一生与柔道》（『嘉納治五郎　私の生涯と柔道』。新人物往来社、1972 年）、长谷川纯三编著的专题论文集《嘉納治五郎的教育与思想》（『嘉納治五郎の教育と思想』。明治书院，1981 年）。2010 年，为纪念嘉纳诞生 150 周年，筑波大学举办一系列纪念活动，出版了"生诞一五〇周年纪念出版委员会"编纂的纪念文集《气概和行动的教育者　嘉納治五郎》（筑波大学出版会，2011 年），回顾总结了嘉纳的生平业绩和贡献。至于嘉纳的文集，目前一共有两种：一是"讲道馆"监修的三卷本《嘉納治五郎著作集》（五月书房，1983 年），另一种则是为纪念嘉纳逝世五十周年而出版的"讲道馆"监修的全集《嘉納治五郎大系》14 卷（书之友社，1988 年）。

② 参见嘉纳先生传记编纂会编《嘉納治五郎》，讲道馆，1964 年，21-22 页。

学科学习道义学和审美学，并在两年后（1884 年）毕业，成为一名教师。

第二，创立讲道馆柔道，普及讲道馆柔道文化。这是嘉纳毕生为之奋斗的最重大的事业，他曾这样回忆自己创立柔道的过程：（12 岁进入洋学塾后。引用者注）在学业上并不逊于他人，但当时在少年之间有一种风气，往往体力强壮者比较跋扈，而体质柔弱者则要甘拜下风。很遗憾，在这方面我每每落后于他人。现在，我的身体可算比一般人强健，但在当时我有病在身，体质极弱，在体力上几乎逊于所有人。我因此也往往为他人所轻视。（中略）我小时候听人说日本有一种叫作柔术的功夫，用它可以让力小者战胜力大者，所以我就想一定要学会这种柔术（嘉纳治五郎·落合寅平，1983：9）。

嘉纳从 18 岁进入东京大学以后，正式开始修习柔术。他锐意反省传统柔术的不足，研究人体结构和柔的各种招式与技巧，改进柔术的着装，通过为外国客人表演柔术，尝试推广和普及这一传统运动。在对柔术施以改进和融会贯通的过程中，嘉纳逐渐意识到，只要好好改良，作为一项包含了德育、智育和体育的武术，柔术将成为一项有益于社会的运动。大学毕业后的第二年，即 1883 年，嘉纳开设教习柔术的道场"讲道馆"，正式创立"讲道馆柔道"。

嘉纳首先把"柔术"一词改为"柔道"，旨在强调这一运动的安全性；紧接着，又着手系统整理和改进柔道的招式技巧，制定各种规章规则，招收柔道学员，开启了教习推广普及柔道的毕生事业。经过坚韧不懈的努力，终于赢得"讲道馆柔道"的极大发展和普及：1882 年创立柔道时，入门者仅 9 人，第二年 8 人，而到 40 年后的 1921 年，讲道馆馆员已增加到 22000 人，而 1930 年更达到 48000 人，其中有段位者 13000 人[1]。

嘉纳所追求的柔道并不是一种单纯的体育竞技，而是融汇了德智体三育的"道"（文化）。他提炼出"精力善用""自他共荣"八个字，作为柔道的原理原则，倡导"善用""精力"，即最大限度地有效使用

---

① 参见《气概和行动的教育者嘉纳治五郎》，筑波大学出版会，2011 年，第 34 页。

身心之力，谋求社会进步发展，实现"自他共荣"①。1914 年，嘉纳设立"柔道会"，出版《柔道》杂志；1921 年，改"柔道会"为"讲道馆文化会"，进一步普及以"精力善用""自他共荣"为核心的柔道精神和柔道文化。

第三，作为著名教育家的卓越功绩。1882 年，嘉纳在东京大学文学部毕业，被学习院聘为讲师，迈出了他作为教师和教育家的第一步；26 岁时，嘉纳成为学习院教授兼教头，工作重心开始由教师转向教育管理；1891 年，年仅 31 岁的嘉纳担任第五高等中学校（熊本）校长；一年后，回到东京，历经文部省参事官和第一高等中学校（东京）校长后，于 1893 年首次担任高等师范学校（现筑波大学）校长；1897 年，第二次成为高等师范学校校长；1898 年，担任文部省普通学务局局长；1901 年，嘉纳第三次坐上高师校长的交椅，直到 1920 年辞职。其间，嘉纳致力于中等教育改革、中等教育师资培养以及高等师范学校升格大学的运动。第三次辞去高师校长时，嘉纳已经年过六十。此后，他把自己的余生全都奉献给了柔道的推广普及。

第四，嘉纳开创了近代日本的中国留学生教育事业，鲁迅与嘉纳的交集主要在这一领域。对此，嘉纳曾在回忆录中有过详细记述：1896 年，中国驻日公使裕庚（？—1905）找到日本文部大臣兼外务大臣西园寺公望（1849—1940）公爵，探寻日本方面能否接收中国留学生，西园寺又找到时任高师校长的嘉纳。嘉纳说，自己非常繁忙，无法直接承接这件事，但如果有合适人选负责具体工作，自己可以担负指导和监督的责任。于是，日方接受了清政府的请求，由嘉纳负责接收官费中国留学生。嘉纳在自家附近的神田三崎町设立"嘉纳塾"，邀请东京高师教授本田增次郎（1866—1925）担任主任，又聘请了几位老师教授日语和其他基础课程，掀开了近代日本中国留学生教育的第一页。1896 年接收的第一批留学生共计 14 人。三年后的 1899 年，嘉纳扩大了学校规模，命名为"亦乐书院"，师资方面也以专攻国语学的三矢重松（1871—1923）为中心，汇集了一批优秀教师。此后，中

---

① 此外可参照"讲道馆"主页，http://www.kodokan.org/j_basic/history_j.html。

国兴起赴日留学的热潮，留学人数迅速增加。1901 年，嘉纳接受外务大臣小村寿太郎（1855－1911）男爵的建议，将学校迁往牛込区牛込西五轩町 34 番地（现新宿区西五轩町 13 番地），正式开办"弘文学院"[①]。当时学校占地面积近万平方米，校舍建筑面积四百多平方米。学校的教学以日语教育和中学程度的普通课程教育为主，开设"普通科"，学制三年，另有培养教师的速成师范科（六个月课程）、培养警察的警务科（三年课程）等。从 1896 的"嘉纳塾"算起，到 1909 年学校停办，弘文学院及其前身一共存在了 13 年，累积入学学生 7192 人，毕业生 3810 人，平均每年有 550 人入学，300 人毕业，鼎盛时期的 1906 年有在校生 1615 人[②]，成为明治时期日本国内日语教育的大本营。而鲁迅正是弘文学院第一届学生之一员。

第五，除弘文学院外，嘉纳在自己担任校长的东京高等师范学校同样积极推进中国留学生教育。1899 年，高等师范学校开始接收留学生。为使留学生顺利升入上一级学校学习，嘉纳多次向文部省进行交涉，促使文部省于 1901 年颁布"文部省令第十五号"，规定凡在弘文学院三年制普通科毕业的学生，均可以升入文部省直辖的京都帝国大学、札幌农学校、仙台医学专门学校、冈山医学专门学校、高等师范学校、女子高等师范学校等。如果申请人超过规定录取名额时，则通过考试进行选拔。鲁迅从弘文学院毕业时，未能免试进入高等师范学校，最后奔赴远在东北地区的仙台医专，正是利用了这一制度。1907 年，日本文部省与清政府签订了所谓"五校特约"，规定未来 15 年中，第一高等学校（东京）、东京高等师范学校、东京高等工业学校、山口高等商业学校和千叶医学专门学校这 5 所学校，每年合计招收 165 名中国留学生。根据这一协议，从 1908 年开始，东京高等师范学校每年有 25 名留学生名额，多的时候达到 30 人左

---

① 参见嘉纳治五郎《我的柔道家生涯》（「柔道家としての私の生涯」），《嘉纳治五郎著作集》第三卷，五月书房，1983 年，第 33-34 页。

② 参见酒井顺一郎「明治期に於ける近代日本語教育—宏文学院を通して—」，総合研究大学院大学文化科学研究科『総合日本文化研究実践教育プログラム特集号』，2007 年。

右。当时东京高等师范学校全校学生仅有 300 人左右，30 名留学生所占的比例颇为可观。

嘉纳在近代日本历史（特别是体育史、中等教育和师范教育史以及中国留学生教育史）上占有非常重要的地位，仅仅从鲁迅是弘文学院学生，而嘉纳是弘文学院院长这一程度来把握嘉纳、把握鲁迅与嘉纳的关联是不够的。对嘉纳和弘文学院的完整理解，直接关乎对鲁迅的完整把握。

二、鲁迅的日语习得与嘉纳

我们可以肯定地说，鲁迅具有很高的日语水平。从专业日语习得的角度来说，我们在考量鲁迅的日语程度时，通常会关注这样几个问题：日语学习经历和学习成绩、习得者留下的声音或字面材料、同时代的日语母语者或精通日语者的印象评价，等等。

鲁迅习得日语的时间不算短。初到日本的前两年，他在弘文学院接受预备教育，日语是最主要的学习内容。在仙台医专的一年半，鲁迅所学不再是日语，而是难度很大的医学。但需要注意的是，这个时期围绕鲁迅的言语环境发生了重大变化。在东京时，他的身边满是令人纠结的同胞"清国留学生"，而在仙台，整个学校几乎只有他一个外国人。这意味着，鲁迅所处的环境，由大半为中文的环境变为完全的日语环境，这对外语习得是十分有益的。后来鲁迅中途退学回到东京，和弟弟周作人生活在一起，语言环境复又接近弘文学院时期。

关于鲁迅在弘文学院期间的日语学习情况，在现在极少可见的第一手资料中，鲁迅的日语教师松本龟次郎（1866－1945）的证言极为珍贵。松本于 1903 年接受嘉纳的诚挚邀请，辞去当时任职的佐贺师范学校，来到弘文学院教授日语，负责普通科的浙江班和速成科的四川班及直隶班。在浙江班修习日语的鲁迅，成为松本的直系学生。松本对鲁迅出色的日语翻译有着深刻记忆："年轻时的鲁迅在学习上从不妥协，对日文的翻译尤为精妙，既能准确表达出原文的含义，而译文又绝不失妥贴和流畅。同学们都把他的译文当成典范，称之为'鲁译'（松本龟次郎，1939:53）。"结束留学回国20多年后，"内山书店"老板内山完造（1885－1959）这样描述1927年第一次见到鲁迅时的情景：

> 此后不久，就有一个常常和二三个朋友同道着，穿蓝长衫的，身材小而走着一种非常有特长的脚步，鼻下蓄着浓黑的口髭，有清澄得水晶似的眼睛的，有威严的，哪怕个子小却有一种浩大之气的人，映上了我们的眼帘。
>
> 有一天，那位先生一个人跑来，挑好了种种书，而后在沙发上坐下来，一边喝着我女人进过去的茶，一边点上烟火，指着挑好了的几本书，用漂亮的日本话说：
>
> "老板，请你把这些书送到窦乐安路景云里××号去。"
>
> （内山完造，1937:11-12）

"漂亮的日本话"，这是内山对鲁迅的第一印象。更晚些时候的1935年春，两位在北京留学的中国文学研究者目加田诚（1904－1994）和小川环树（1910－1993）赴江南旅行，他们通过内山完造的引见，在内山书店拜见了鲁迅。在日后的回忆中，两人都谈到了鲁迅的日语。目加田诚说，"我和朋友（即小川环树。引用者注）坐到内山书店的最里边，惴惴不安地等待着。不一会儿，感觉到门口有人影出现，一下子推门而入的，正是在照片上见过多次的鲁迅"。"消瘦而低矮的身躯，但腰板挺直，目光锐利，浑身透出峻严之气，仿佛手提一支锋利的长矛"。"先生走过来，用他那漂亮的日语和我们讲话"。（目加田诚，1979:94-95）小川环树的回忆更加具体，他说，鲁迅从始至终一直都讲日语，讲得非常好，让人感觉不到是在和外国人说话。鲁迅开口就对两人说，我的日语是明治时代的日语，听起来也许会感觉有些老旧。的确，鲁迅的日语确实有点与今不同，和郁达夫不同。

鲁迅讲什么往往会多说一句补充一下。①总之，从日本人的角度来看，鲁迅的日语讲得"很漂亮"。在书面语方面，虽然数量不算多，但也有日语文章、书信和便条等存世。此外，从留日时期开始，鲁迅还翻译了为数不菲的各类日文作品。

鲁迅赴日前并不会日语，他的日语启蒙教育和日语能力主要是在弘文学院期间得以培养完成的，鲁迅专门学习日语也只有这两年，到仙台医专后学习医学，回到东京后虽然学籍挂在德语学校，但实际上过的是自由人（浪人）生活。因此，在弘文学院的日语习得为他后来的学习生活、为他接受近代思想文化打下了重要基础。

鲁迅到日本留学时，近代中国人的留日运动还处在开始逐步升温的阶段，在东京，接收"清国"留学生的学校还不多，除刚刚创立的弘文学院之外，仅有成城学校、日华学堂、高等大同学校、东京商业学校和东京同文书院。此后，伴随赴日留学风潮的高涨，又有一些学校，如振武学校、东斌学堂、法政速成科及普通科、经纬学堂、早稻田大学"清国"留学生部、路矿学堂等相继建立。②然而，在这为数不菲的学校中，无论是学校规模、教师资源、课程设置以及教科书编纂，弘文学院都可拔得头筹，故被称为明治时代日语教育的"大本山"（大本营）。

在当时的时代情形下，弘文学院为中国留学生提供了相对正规充实的日语教育，鲁迅学习和掌握日语的第一个阶段无疑受惠于这一良好环境。而弘文学院的这些优势，又无一不与嘉纳联系在一起。

第一，嘉纳自身是一位优秀的教育家，既做过多家官立学校的校长，又做过文部省官员，他精通教育，拥有很多渠道的资源。他统帅着东京高等师范学校，麾下拥有各个专业的优秀教师，弘文学院的很大一部分师资就是由这些教师担当的。鲁迅就读弘文学院时，授课时间排在下午，就是因为这些教员上午要在东京高师授课，下午才能转战弘文学院。尽管这种形式有利有弊，但终究是利大于弊。弘文学院

---

① 小川环树：《留学的印象——鲁迅及其他》（1985），《小川环树著作集》第五卷，东京：筑摩书房，1997年，第408-409页。
② 参见实藤惠秀著、谭汝谦·林启修译《中国人留学日本史》第二章第六节"教育留学生的学校"，北京：三联书店，1983年，第43-52页。

能够开山包含各个领域的丰富课程，离开这个条件是很难做到的。嘉纳不是一般意义上的单纯"书生"，他做过文部省官员，柔道方面有众多弟子，作为高师校长，更是直接从事教育设计和管理，因而人脉丰富，具有办学能力和办学条件的优势，可以做成他人不易做到的事情。最初日本政府方面委托他来接收中国官费留学生，就是典型的一例。另外，嘉纳曾在官方支持下到中国访问游历，会见各级官员，建立了很多关系，这些都促进了学校发展。学校组织的很多活动，比如参观天皇阅兵式、接待中国各级官员巡视团来访、举行规模盛大的运动会、在学校附近建立柔道道场以及祭拜孔子，等等，都有借重嘉纳实力和声望的因素。

第二，就是嘉纳的卓越见识这一点尤其重要，笔者曾以"嘉纳与近代中国"为课题赴日半年，进行专门考察研究，发表有《嘉纳治五郎中国认识的现代考察》（潘世圣，《外国问题研究》2013 年第 1 期，第 36-41 页）等文章。这些研究表明，嘉纳是近代日本罕见的具有深厚国际主义情怀的教育家，他一贯倡导"精力善用""自他共荣"，强调敬重中华文明文化，善待中华子民，人品温厚而平和。在刚刚打败大清帝国、又要与沙俄帝国决战、崇尚强力扩张的明治日本，他的观念和人格无疑属于另类。关于这些，除了考察嘉纳一生的所言所行，还可以去读读弘文学院毕业生们写给嘉纳的书信，那里面充满了年轻中国人对嘉纳的信赖和谢忱；我们还可以关注那位毕生致力于日中友好交流的弘文学院日语教师松本龟次郎，松本是嘉纳诚恳相邀而加入弘文学院的，松本一生的努力方向，叠印着嘉纳的影子。

第三，嘉纳虽然身担数职，但对弘文学院的教学投入了巨大的关心和努力。除了调动东京高师的教师参与授课，他还积极物色优秀人才加入弘文学院。松本原本在遥远的九州，担任佐贺师范学校的教师，1902 年编辑出版《佐贺县方言辞典》，得到日本国语学权威上田万年（1867－1937）的好评。嘉纳注意到此人，通过各种渠道对松本进行了解，确认这是一位具有真才实学的学者和教师。在嘉纳的真诚邀请下，松本来到东京，成为弘文学院的日语教师。嘉纳对学校的日语教学高度重视，在繁忙的公务中，经常参加学校日语

教材编纂委员会的活动，并积极参与讨论、提供意见。他重视松本
对于日语教学的看法，即关注日语教学的实用性，编写以完整确切
的语法体系为基础的日语教材。松本的经验才干和一系列想法很快
得到了施展实现的机会，在学校教务干事三泽力太郎和几位留学生
的协助下，松本很快编写出版了著名的《言文对照·汉译日本文典》
（扉页为："弘文学院丛书 弘文学院教授松本龟次郎著 言文对照汉
译日本文典 东京 株式会社中外图书局"，1904 年 7 月出版）。顾
名思义，这本书是专为中国留学生编写的以语法为主的日语教材。所
谓"言文对照"，是指用口语和文言两种形式进行汉译，以满足学生
需要。笔者在资料调查中看到的是此书的第六版。各版的情况是：1904
年 7 月初版，10 月二版，12 月三版，翌年 4 月四版、7 月五版、10
月六版。也就是说，基本是三个月再版一次。而到 1940 年，居然已
出到第四十版："东京高等师范学校长宏文学院①长嘉纳治五郎先生
序、东京高等师范学校讲师宏文学院教授三矢重松先生阅、宏文学院
教授北京京师法政学堂教习松本龟次郎先生著 订正第四十版、东京
国文堂书局"。足见此书不同凡响。据说，后来松本被北京的京师法
政学堂聘为教习，一个很重要的原因就是这本书得到学界的高度评
价②。后来弘文学院出版的日语教材都留有这本书的痕迹，说它奠定
了弘文学院日语教材的基础，应不为过。此书正式出版时，鲁迅刚从
弘文学院毕业，但同样内容的授课听了至少半年以上。尽管我们无法
更多地了解松本教授鲁迅日语的具体细节，但这样一位兢兢业业长于
思索的教师，必定给予鲁迅良好的教诲和影响则是无可置疑的③。

---

① 宏文学院（弘文学院）：1882 年，嘉纳治五郎创立家塾"弘文馆"（英语学校），持续了
约七年。1902 年创立"弘文学院"，后为避讳乾隆皇帝（弘历），于 1904 年左右将校名改为"宏
文学院"。但之后各种场合仍有混用情形，本文尊重各资料文献的用法。

② 「嘉納治五郎の推薦」，参见武田勝彦：『松本亀次郎の生涯—周恩来・鲁迅の師』，東京：
早稲田大学出版部，1995 年，第 135-150 頁。

③ 关于鲁迅与松本龟次郎的关系，有若干先行研究，推荐阅读田正平：《中国留学生的良师
松本龟次郎》（杭州：《杭州师范大学学报》1985 年第 4 期，第 24-29 页，1985 年 12 月）；近期
研究参看林敏洁：《松本龟次郎与鲁迅》（北京：《鲁迅研究月刊》2013 年第 8 期，第 56-62、39
页）。日本方面有两本松本龟次郎的传记值得阅读：平野日出雄：『松本亀次郎伝：日中教育のか
け橋』，[日本]静岡教育出版社，1982 年。

　　根据讲道馆保存的资料统计[1]，弘文学院成立后，在 1902 年到 1906 年间，共有包括各专业在内的 259 名教师在学院任教过，其中日语教师最多。鲁迅 1902 年入学时，学院的日语教师有三矢重松 (1872－1924)[2]、松下大三郎[3]、井上翠[4]、难波常雄、佐村八郎 (1865－1014)、柿村重松 (1879－1931)，第二年则有松本龟次郎加盟。这些人中，三矢重松和松下大三郎后来成为日语语法研究的知名专家，松本龟次郎则成为中国留学生教育的第一人。与其他学校相比，弘文学院的日语教师阵营齐整，力量也可谓雄厚。

　　得益于校长和师资等有利条件，弘文学院编辑出版了多种日语教科书，无论质和量都远远超过其他学校。从 1903 年到 1906 年间，出版有：弘文学院《日本语教科书第一卷　口语语法用例之部　下》（金港堂书籍，1903 年）、松本龟次郎《言文对照汉译日本文典》（中外图书局，1904 年）、宏文学院编纂《日本语教科书》（第 1-3 卷，中外图书局，1906 年）、金太仁作《东语集成　全》（1906 年）、唐木歌吉著·王盛春译《中日对照实用会话篇》（中东书局，1906 年）、菊池金正《汉译学校会话》（1906 年）、小山左文二《汉文注释东文读本》及《文法适用东文教科书》（三松堂所局，1906 年）、门马常次《文法适用东文汉译规范》（东亚公司，1906 年）、佐村八郎《汉译日本语典》（六盟馆，1906 年）、难波常雄《汉和对照　日语文法述要》（观澜社，1906 年）、松下大三郎《汉译日语阶梯》（诚之堂，1906 年）等。这些教科书中，至少前三种鲁迅应该使用过。

　　我们以 1906 年出版的代表性教材《日本语教科书》（3 卷）为例，

---

　　① 有关这部分资料的调查，得到日本长崎外国语大学酒井顺一郎教授的帮助，其著作『清国人日本留学生的言语文化接触』中也使用了这部分资料，可一并参阅。

　　② 日本国语学者、文学博士。1899 年起应嘉纳治五郎之邀，在"亦乐书院"（后弘文学院）教授日语，后任东京高等师范学校及国学院大学教授。著有《高等日本文法》（明治书院、1908 年）等。

　　③ 松下大三郎（1875－1935），日语语法研究家。长期从事中国留学生教育，1913 年创办"日华学院"，后任国学院大学教授。著有多部日语研究著作，如《国歌大观》（正·续，1901、1903 年）、《日语俗语文典》（1901 年）、《标准日本文法》（1924 年）、《标准汉文法》（1928 年）、《标准日本口语法》（1930 年）等。参见《日本大百科全书》（东京：小学馆，1972 年）。

　　④ 井上翠（1875－1957），汉语研究家。东京外国语学校（现东京外国语大学）毕业，后任大阪外国语学校（大阪外国语大学，现并入大阪大学）教授，著有《日华语学辞林》（东京：博文馆，1906 年）、《井上支那语辞典》（东京：文求堂，1928 年）等。

来探测一下弘文学院的日语教学情况。这套教材由松本龟次郎和三矢重松为核心的日本语教学研究会编纂，一共三卷 187 课。教材的主要特点是：第一，根据学生的学习需要，对基础语法项目进行系统整理编排。根据当代日本学者考察，这套教材采编的语法条目，与现代基础日语语法内容的重合率竟高达 86%。在第二次世界大战前出版的诸多日语教材中，达到这一程度的寥寥无几。学者们认为，作为日语语法综合教材，这套书系统而完整，奠定了日本日语教育的基础（吉冈英幸，2005:26）。第二，这套教材重视发音，对中国人容易出错的发音进行了归纳整理；例文和会话内容紧密联系当时日本社会的日常生活、学校生活、时事、留学生管理和名胜古迹，等等，具有实用性和趣味性。第三，在教学法上，特别重视"发音"。在"讲道馆"保存下来的第一手资料中，就有有关日语教学法改革的汇报和建议："为了使学生的日语发音以及语调正确流畅，经常指定学生起来朗读课文，然后让大家找出读错或读得好的地方，向朗读者提问发言，类似日本小学流行的读本教学法。"[①]此外，根据酒井顺一郎的考察，还有一个方法广为使用。即以汉文体为中介进行教学。在明治时代，日本的知识分子大多接受过比较系统的汉文教育，当时的报纸杂志书籍也有很多用汉文体书写，而中国学生又是来自大清帝国的文言文体系，这三个条件决定了在当时的教学中，汉文确实可以发挥立竿见影的作用。

总之，鲁迅在留日伊始，便在弘文学院接受了比较系统的日语教育，尽管当时近代化的日语教育体系远未形成，日语教学本身还存在许多问题，但相对而言，在富有远见的教育家嘉纳的努力下，弘文学院充分发挥自己的诸多优势，为留学生创造了相对良好的学习条件。尤其是诸如松本龟次郎那样温厚而心怀善意的日语教师，为学生们提供了充实的日语教育，鲁迅的日语能力在这里完成了其基本形态。笔者查阅"讲道馆"机关杂志《国士》（1898－1903），发现不少有关弘文学院的报道和纪录。1898 年《国士》第一号"汇报"栏《被派遣

---

① 见讲道馆所藏《宏文学院关系史料》中的《关于改良日语教授法的拙见》（「日本語教授法改良ニ就キテノ鄙見」）原件。

来我国的第一批清国留学生》一文，介绍了 1896 年来日的 13 名留学生的学习情况："目前，有 9 名学生与本田先生一同居住在神田区三崎町研修学业。在过去两年中，采取了重点学习日语、同时兼顾学习其他初级基础科目的方针。现在学生在一般会话方面已无障碍，阅读报纸杂志也无问题，可顺利书写书信及一般文章。""完全不懂中文的教师，要让一点儿不懂日语的留学生学会日语，让极其缺乏理学数学思维的学生学会各个科目，教师们费尽了苦心"。反映了学校的教学效果和学生的学习效果是好的。

三、鲁迅的知识体系构建与嘉纳

在弘文学院这所并不算显眼的民间学校，鲁迅第一次接受了比较系统的近代教育，他的第一个收获便是学习掌握了日语这个既是言语又是思想的工具，建立了在日本生活学习、接收近代范畴文明的必要基础；而另一个巨大收获，当属第一次比较完整地实现了基本知识（思想）体系的转换和更新。令人遗憾的是，对于这一点，由于长期以来学界对弘文学院及其教育实态的考察和了解不足，其完整的历史状貌，以及对其内涵意义的估价，一直散离于学者的关注视野和叙事范畴，这是留日时期鲁迅研究的一个遗憾。

鲁迅说："凡留学生一到日本，急于寻求的大抵是新知识。除学习日文，准备进专门的学校之外，就赴会馆、跑书店、往集会、听讲演。"（鲁迅，1981:567）就是说，留学日本的根本目的，是到日本学习新知识，而方式有两个：一是学校内的学习；二是学校外的学习。对于初到日本的学生来说，由于语言以及学生生活性质的制约，学校学习无疑是最主要并富有权威性的部分。弘文学院的不同凡响在于，它为学生提供了两个系统的有效教育，即作为外语培训的日语教育和类似日本中学程度的各科基础教育。而弘文学院对两个系统教育的重视和刻意安排，彻头彻尾地来源于嘉纳的教育理念，即关于基础教育和专业教育的一贯信念。

1930 年，嘉纳在回忆自己的教育生涯时，特意讲到了自己的毕生信念。他说，"自己从高等师范学校校长，到普通学务局局长，再到高等师范学校校长，这整个过程一贯思考的"，就是"基础教育的理想"问题（嘉纳治五郎，1989：279）。这里所说的高等师范学校校长时期，包括嘉纳创办和领衔弘文学院时期。在考察鲁迅就学弘文学院时期的文献资料时，笔者通阅了梁启超逃亡日本期间编辑出版的著名杂志《新民丛报》（1902－1907）。众所周知，这本杂志在数年之中曾风靡天下，对留日学生、国内青年及思想文化界产生过巨大冲击。巧合的是，《新民丛报》在鲁迅赴日前两个月诞生于横滨。就是说，鲁迅一到日本，就遭逢了《新民丛报》洛阳纸贵、炙手可热的情形。在 1902 年 12 月 30 日出版的《新民丛报》第 23 号"余录"栏，刊登了《支那教育问题》一文。这篇长文介绍嘉纳于 1902 年 10 月 21 日、23 日，两次为弘文学院速成师范科学生做演讲，宣介教育问题："嘉纳氏乃言曰，吾新以教育事出游贵国而归。据其观察，窃有所见。今湖南师范诸君方将归国，故愿为一陈之。"嘉纳力陈基础教育之于中国的迫切："教育之种类不一，有基础、有专业、有实业、有美术。以贵国今日之情势论之，其最宜急者，莫如基础和实业二种。""普通者，专门之对待名词。而又为专门之基础也。非先有普通教育，不能逐习专门，理科尤其著者。"嘉纳特别强调基础教育的三个目的，即"德育""智育""体育"。第一个目的"德育"即"道德教育"，包括"智识""智识与情（行为）之联络"和"习惯"。他说，"智识者，所以教国民之心得与个人之心得，使能深明其理，而养成一种善美之性质也"。"智识与情之联络者，使其行为善则心为愉快，不善则心为惭悚也"。"习惯者，渐渍浸润，使其习惯于为善而不以为难，不待勉制而能自然者"。"此三者谓之德育"。"国民有此德育之根基，则虽无专门之学，亦必不至为公众之累、国家之害。不然，则虽学问专深，亦只知为一身谋私利，而不知为一国谋公益。譬如政治家、外交家于此，皆以专门而担国事，其施行举措，或以其私意而偏爱于一隅之地，偏重于一部之事，不顾一群之全体。是必因一身本无教育，遂不知其所职为国民所公托，以致悖谬如此，其为害何如乎。故普通之有德育，如船之有舵工，其专门之利用者，乃其机器煤水也。趋向不正，则百物皆误其用矣"。关于"智育"，嘉纳认为一个国家仅有少数具有高深知识的精锐精英是不够的，必须让大多数的普通人具备基础知识，所谓"众人茫然，譬有良将而无健兵，事何能举"。嘉纳对"体育"的重视也是空前的。他认为，中国往往是知识人缺少健壮体魄，武者缺少文明脑筋。"今亟宜使文者习武，武者习文，互参其短长，使文明其脑筋而野蛮其体力。反重文轻武之风，而行全国皆兵之制，以尚无之精神而济之以学问，国乌得不强"。1906年，弘文学院翻译出版弘文学院系列讲义录，嘉纳特意为这套教科书作序《刊行讲义录要旨》，再次阐明自己的一贯信念："国家改革之本在教育。"而"普通教育"（基础教育）尤为重要，"苟公众而无受普通教育者，则不能协力此少数使者，奏共进国运之效，又何以望其养成爱国之精神哉。是故普通教育者，于振起清国今日之颓势，特为急务中之急务"。（嘉纳治五郎，1906：4）

通观嘉纳的一系列有关言论，可以清楚地看到他的留学生教育理念的核心部分。他认为，中国社会要改变落伍颓败的根本，是国家和国民要认识并且追随世界文明的趋势，在此基础上培养大多数国民应当具有的基本（基础）文明精神。因而，他一再呼吁中国最紧要的并不是高端的专业知识，而是关乎人的基本理念、基本素质的普通（基础）知识和教养。换句话说，普通教育是最基本的根柢，是土壤，故其有无好环，关乎全体和根本，而要解决这个问题，唯一的手段就是教育，主要是普通（基础）教育。为了达到这个目的，中国就特别需要加强师范教育。尽管嘉纳的见解和表述带有时代的局限或者一些日本色彩，但可以相信，这是他思考的结果，也是他对日本近代维新转型的经验提炼。单纯到教育来说，有的地方又与我们今天每每谈论的"博雅"教育颇有相通之处。

嘉纳的教育理念，划开了弘文学院与其他同类学校的区别，他呼吁，教育要重视培养人的基本道德情操、基本知识教养和强壮体魄，认为这是教育的"正道"。他先后发表过许多讲话和文章，激励青年了解世界，了解时代的发展趋势，做一个独立自主的"个人"，继之奉仕社会和国家①。因此，嘉纳设想中的弘文学院不仅要教授留学生日语，帮助他们进入各类正规学校，而且要"代兴支那教育"，培养适应中国维新变法的需要，同时也是嘉纳理想中的人才。这一直是嘉纳办学的重要考量因素。

这些理念方针体现在办学路向和方法上，形成了在课程设置上，除日语能力培养外，还设置了其他各种基础科目。笔者曾三次去"讲道馆"查阅弘（宏）文学院原始资料②。根据其中的《弘文学院章程》原件，并参照其他，再次确认了弘文学院的一些细节情况，比如学生均住在学校内的学生宿舍；学年为九月至翌年七月；一学年分三学期（第一学期9月11日—12月24日、第二学期翌年1月8日—3月31日、第三学期4月8日—7月31日）；学年授课四十三周、每周授课三十三课时；普通科、速成科和师范科授课时间为上午八点至下午四点之间；周日日中两国节日及学校创立日为休息日；寒假12月25日—1月7日、春假4月1日—4月7日、暑假8月1日—9月10日；年间学费及其他各种杂费共计三百元；学科分为"普通科"和"速成科"两大类，"普通科"修业年限三年，"速成科"又含"速成普通科""速成师范科""夜学速成理化科""夜学速成警务科"四科，修学年限根据情况随时制定（鲁迅就学的"速成普通科"为两年）。另有"夜学日语科"，修业时间不限。

"普通科"开设的课程。第一学年：修身、日语、世界历史、算学、理科示教、体操。第二学年：修身、日语、世界历史、算学、理科示教、几何学、代数学、理化学、图画、体操、英语（任意选修）。第三学年：第一部（文科）修身、日语、三角术、历史及世界大势、第二部（理科）修身、日语、三角术、理化学、几何学、代数学、动物学、植物学、图画、英语、体操。

上面的课程表系普通科（三年制）的开设科目，鲁迅属于两年制"速成普通科"，其课程设置会根据实际情况随时调整，目前未见有纪

---

① 此类文章数量很多，参见《嘉纳治五郎大系》第五、六、七卷，东京：本の友社，1989年。
② 关于这些资料，诸如薛绥之主编《鲁迅生平史料汇编·第二辑》（天津人民出版社，1982年）中曾有所介绍，但本文据笔者所查阅之文件原件。

录资料留存。但从三年制普通科来推断，科目设置不会有太大不同，差异大约还是在授课期间长短上。无论如何，鲁迅在弘文学院的学习科目，除日语外，其他都接近普通中学的科目设置。换言之，鲁迅受惠于嘉纳的独特理念和方针，在学习掌握日语之外，还接受了近代的基础综合教育，接触了初步的近代知识体系，为完成从旧学框架到新学范畴的转换、重新构建建立于近代知识体系上的思想观念，提供了不可或缺的契机和条件。

弘文学院受益于嘉纳和他的东京高等师范学校，高师在各个领域的优秀师资有很多参与弘文学院的教学，他们不仅在日本语学，更在基础教育方面，为中国留学生提供了良好教育。目前我们还无法确切知道鲁迅在学的"速成普通科"所提供的基础教育（如修身、世界历史、动物学、植物学等课程）的具体内容。但考虑到各科均开设了这些基础课程，授课教师又大多来自高师，基本可以判断这些课程在普通科或速成科，除内容多寡、授课时间长短会有若干不同外，主要内容应该是相同或相近的。或者，有些课程索性就是各科学生一起上课，也是完全有可能的。

嘉纳倡导的基础教育并不是作为语言教育的一环或一种形式来处理的，而是在日语教育之外，独立进行的类似初级博雅教育。这就决定了对留学生来说，课程内容具有相当的难度，以留学生的日语水准很难听懂并理解授课内容。因此这些普通科目都由教师以一般形式讲授，由翻译现场翻成中文，向留学生传授近代知识，介绍宣传新的思想文化学说。1902至1906年间，在弘文学院的教师阵容中，就有多名日本学术界的权威学者，比如教育学家江口辰太郎、棚桥源太郎（1869—1961）、樋口勘次郎、波多野贞之助（1864—1923）、小泉又一、小山左文二、牧口常三郎（1871—1944），数学家林鹤一、宪法学家上杉慎吉、佛教哲学家井上圆了，等等[1]。鲁迅提到的三泽力太郎博士（1856—1925），也是一名理化学者，曾受嘉纳推荐，赴中国

① 参见酒井顺一郎：『清国人日本留学生の言語文化接触』第 88—93、97—105 页，東京：ひつじ書房，2010 年。此书对弘文学院原始文献资料进行了细致周到的考察，富有学术及文献价值，笔者亦从中受益良多，在此谨致谢意。

担任武昌师范学堂校长和湖北最高教育顾问。在弘文学院任教期间，他出版有《自然界之现象》（上原书店，1900 年）、《物理学问题例解》（明升堂，1902 年）、《自然力之利用》《天界之现象》（光风馆，1903 年）等科普性著作及教科书。另一位教过鲁迅的山内繁雄（1876－1973），则是生物学家，时任东京高师教员，后为教授，再后赴美任芝加哥大学教授。鲁迅受教时，山内繁雄已有《中学生理卫生教科书》（合编，弘文馆，1902 年）、《动物教科书》（合编，文学社，1903 年）、《博物学教授及研究之准备》（合编，东洋社，1902 年）等著作，后来更有多种生物遗传学方面的著作，如《遗传伦》（大日本学术协会，1915 年）、《人类的进化》（国史讲习会，1922 年）等。

这些教授学者的授课，在为学生提供近代知识体系和思想体系的同时，直接催生了弘文学院系列教材（即弘文学院讲义录）的翻译出版。这套教材系统反映了弘文学院普通科目的教学内容，对我们具体把握鲁迅所拥有的思想文化环境具有重要意义。这套讲义录出版于1906 年，曰"普通科、师范科讲义录"，署名"宏文学院院长嘉纳治五郎先生监辑，清人王廷干外七家译"，"东亚公司"刊行①。讲义录汇集了 20 余位教授专家的讲义，共有 24 种，包括《伦理学》《日语日文科》《世界历史》《地理学》《地文学》《动物学》《植物学》《生理及卫生学》《矿物及地质学》《物理学》《化学》《法制》《经济学》《算术》《代数学》《几何学》《心理学》《论理学》《教育学》《各科教授法》《学校管理法》《日本教育制度》《杂录》和《科外讲义》。笔者有幸亲睹友人珍藏的 1906 年版《师范科讲义录》，深感其体系完备，内容简明扼要，足见当时中日间的差距并非一二之微。笔者近年查阅发现的一件事实，恰好证明并补充了上述判断。那是在查阅清末《学部官报》第 134 期（1910 年）时发现的一则消息："商务印书馆经理候选道夏瑞芳呈伊索寓言女子新唱歌并国文读本二书毋庸审定速成师范讲义录需加润色再行呈部批宣统元年十一月二十二日"。即，1909 年上

---

① "东亚公司"成立于 1905 年，由当时最有名的两家出版社"博文馆"和"三省堂"合办，出版以中国留学生为读者对象的各种中文版教科书。弘文学院讲义录系该公司推出的第一套丛书。授课录的出版得到清政府资助，翻译工作也主要由弘文学院的官费留学生承担完成。

海·商务印书馆计划出版弘文学院的这套"速成师范讲义丛录",但清政府学部(1905 年成立,负责管理全国教育的最高机构)认为该丛书系直译日文,需要细致推敲润色后,再送审批。中国最著名的出版社,要在中国出版发行一个日本民间小学校的系列教材,足以说明对中国社会来说,这套书具有介绍传播和阅读的价值。

鲁迅就读弘文学院时,讲义录还没有正式出版,但教师的授课自1902 年以来一直进行,从当时的情形来说,鲁迅应该系统接受过讲义录中主要科目的教育。换言之,通过讲义录,我们可以具体了解鲁迅所接受的近代学术知识体系的具体结构内容。

当时弘文学院普通科第一学年全部课时中,有 800 多个小时用于日语教学,约为全部课时的一半多,第二年则降至 500 多小时[1]。笔者查阅过其中的主要教材,确认了这些日语教材的具体状貌。比如,课本中有不少反映日本社会形态和时代流行的内容,学生在学习日语知识技能的同时,也自觉不自觉地接触了近代日本的话语系统和西方话语系统。像课文中的:"东洋各国的文化也逐渐变得开放","东亚的文明也渐渐与欧美比肩","每个人无论出身怎样,只要发奋努力,就可以干出一番事业。是的,现在是一个优胜劣败的严酷时代,只要发挥才干,谁都能大有作为",均显露了社会进化论流行的时代气氛。"在留学生中,有不少人在学习之余,或是翻译教科书,或是去夜校当翻译"。无独有偶,系列讲义录恰恰是留学生利用业余时间翻译劳作的成果。教材还涉及日俄战争:"虽说是敌方俘虏,终究是为祖国而战的忠勇军人,绝对不能用轻蔑的态度对待他们""人终究要死,在战场上壮烈的战死才是男儿的本分",等等,投射出日本武士道文化和明治时代的国家主义氛围。1898 年"戊戌变法"失败,梁启超逃亡日本,于 1899 年发表《祈战死》一文,记述所受震撼:"冬腊之间,日本兵营士卒,休息瓜代之时,余偶信步游上野,满街红白之标识相接。有题曰欢迎某师团步兵某君,某队骑兵某君。有题曰送某步兵某君,某炮兵某君入营者。盖兵卒入营出营之时,亲友宗族相与迎

① 参见坂根庆子:《宏文学院的日语教育》(「宏文学院における日本語教育」),《东海大学纪要》(留学生中心)第 13 号,1993 年,第 1-16 页。

送之，以为光宠者也。大率每一兵多者十余标，少者亦四五标。其本人服兵服，昂然行于道，标则先后之。亲友宗族从之者率数十人，其为荣耀。则与我中国人入学中举簪花时不是过也。其标上仅书欢迎某君送某君等字样，无甚赞颂祝祷之语。余于就中见二三标，乃送入营者，题曰祈战死三字。余见之矍然，流连而不能去。"（梁启超，1991：185）无独有偶，鲁迅和梁启超在同一时期留学和寓居日本，但通过不同方式经历了相近的精神体验。

1903 年，鲁迅刚到日本一年，就通过日文译本翻译了三篇欧美小说，另外还有地质矿物学方面的《说鉬》《中国地质略论》以及未发表的《地质学》残稿。这些文字也应与弘文学院的学习直接相关。1906 年，鲁迅出版了与顾琅合编的《中国矿产志》，书中使用的地质学专业分期等，与弘文学院讲义录第二辑佐藤传藏（1870－1928）讲述《矿物学与地质学》如出一辙。鲁迅自己很坦率，称"纂者于普通矿学虽略窥门径，然系非其专门。此所记载，悉勾稽群籍为之"。"而当纂辑，又在课余，误谬知不可免"（鲁迅，2009：164），又坦诚地说："我记得自己那时的化学和历史的程度并没有这样高，所以大概总是从什么地方偷来的，不过后来无论怎么记，就再也记不起它们的老家；而且我那时初学日文，文法并未了然，就急于看书，看书并不很懂，就急于翻译，所以那内容也就可疑得很。"（鲁迅，1981：4）尽管鲁迅自身的记忆也已茫然，但这些工作由来于弘文学院时期的知识传授之可能性，依然是最高的。

总之，鲁迅通过弘文学院提供的日语教育以及比较全面系统的普通教育，第一次也是唯一一次系统学习和掌握了近代文理各科的一般知识体系。嘉纳的卓越理念和丰富多彩的教育实践，为鲁迅知识体系的转换提供了契机和条件。鲁迅后来与进化论、浪漫主义文艺，尼采思想和精神主义哲学等发生的种种关联，都可以在弘文学院的教育体系中找到最初的端倪。因此，弘文学院这个似乎不登大雅之堂的小学堂，其之于鲁迅的意义、其包含的思想性内容，远远超过人们的估量和想象，而这一切得以实现的重要因素之一，就是嘉纳和他关于教育的非凡信念以及期冀中国改良进步的善意。

四、鲁迅弘文学院生活的"嘉纳"印迹

通过第一手文献资料的考察可以发现,在鲁迅留学弘文学院的日常生活中,还存在其他诸多"嘉纳"印迹。

其一,鲁迅学习柔道。这件事的简单记载可见于不少鲁迅传记以及其他文章,但大多语焉不详。鲁迅学习过柔道的直接证据,至今仍保存在嘉纳的"讲道馆",即"讲道馆入门者名簿"(牛込分场)明治三十六年(1903 年)三月十日一栏,署有"周树人",签名就是最确切的证据。

至于鲁迅和其他留学生为什么会学习柔道,那原因也就非嘉纳而不解了。1882 年,嘉纳 23 岁时创立了"讲道馆",此后毕生致力于柔道的教育和普及。弘文学院创立后不久,作为普及推广柔道事业的一环,嘉纳在学校内设立了讲道馆牛込分场,动员和鼓励中国留学生加入进来。除了普及柔道以外,嘉纳的教育理念原本极其重视体育,主张教育即是德智体三项的培养和发展。他说:"体育,所以使国民习惯劳苦,健壮轻捷,皆能肩艰任钜,以谋国事,勿使其因身体疲弱之故,而精神疏慢,气力颤预,以阻国事之进步也。国民有此体育者,则国无懈政,人无懦气,不战而能武,行步而有强国之容矣。今日世界,方以种族竞争,此亦强种之一要事也。"(嘉纳治五郎,1902:110)嘉纳在各种场合均不遗余力地宣传这一主张,高度重视体育、积极普及柔道的理念和实践,造就了鲁迅加入讲道馆学习柔道的一段经历。只是,鲁迅本人未对此留下任何纪录和证言,所以鲁迅学习柔道的详情,也就不得而知了。从目前的资料推断,鲁迅的柔道学习和训练似乎没能继续下去,而仅成为青年鲁迅的一次短暂体验。

其二,鲁迅告诉我们,他来到日本后,除了课堂学习以外,"就赴会馆、跑书店、往集会、听讲演"(鲁迅,1937:567)。"赴会馆",指的是 1902 年由中国驻日公使馆和留学生设立的"清国留学生会馆"(也称"中国留学生会馆",位于原"东京神田区骏河台铃木町十八番

地"，现"神田区骏河台 2-3-16"）①。这里是中国留学生聚会活动的场所，会议、集会、演讲、日语课、舞会等公共活动均在此举行，自然成为留学生，尤其是刚到日本的留学生所倚重的"家"。但鲁迅所听演讲，除了由中国留学生举办者之外，还有另一个更加重要的渠道，就是嘉纳及弘文学院所举办的演讲。

由于嘉纳一贯重视基础教育，重视学生基本精神素质和知识水准的培养，所以他一方面通过基础课程的设置，让留学生在习得日语同时，学习文理各科知识，实现对学生的知识启蒙和思想启蒙；另一方面，除了学校的常规课堂学习外，嘉纳还组织东京高师等校的学者教授，到弘文学院进行"特别讲义"（演讲），向学生传授各自的最新研究成果以及各自领域的新近动向，使学生可以经常接触到最新的学术思想。关于这些，笔者在近年的深入调查中，得以逐步还原鲁迅的思想和知识接受的历史现场。其中一个非常有趣的发现是，关于弘文学院举办的学者演讲，其纪录资料几乎不见于日方，反倒是梁启超的《新民丛报》为后人留下了几乎是唯一的、极其宝贵的纪录。

这一线索的发现，缘于笔者的一个实证考察：在探讨鲁迅与进化论的关联时，有学者提出，鲁迅在弘文学院留学期间，曾经听过东京高师教授、著名进化论学者丘浅次郎有关进化论的授课，鲁迅的进化论信仰与丘浅次郎之间存在着某种影响关系。为此，笔者对 1902—1904 年间的日本报刊，如《读卖新闻》、《朝日新闻》、《太阳》杂志、《中央公论》等进行了详细排查，希望能够发现这一授课的线索，但却无果而终。后来笔者调整方向，又对中文报刊进行调查，重点是同一期间中国人在日本编辑发行的报刊，如留日学生发行的《游学译编》《译书汇编》《浙江潮》《江苏》等。结果是在《新民丛报》得到了超

---

① 参见薛绥之主编：《鲁迅生平史料汇编·第二辑》（天津人民出版社，1982 年，第 279—280 页）之介绍。在笔者查阅的资料中，《清国留学生会馆招待规则》（《游学译编》第三期，1902 年）颇具参考价值。至于最直接的资料当属清国留学生会馆编辑发行的《清国留学生会馆第一次报告》（1902 年 10 月 5 日发行）。笔者尚未亲自确认，可参见王若海·文景迅：《了解鲁迅留日时期的一份资料——关于〈清国留学生会馆第一次报告〉》，《山东师院学报》1976 年第 4-5 期合刊，第 91-94 页。

乎期待的收获。《新民丛报》第 46、47、48 号（合刊，1904 年 2 月 14 日出版，第 175-191 页），赫然登有：

"进化论大略（弘文学院特别讲义）理学博士丘浅次郎演"

讲演纪录正文之前，有一段编者的说明文字，交代刊文的来龙去脉，为我们留下了一份关于弘文学院举行演讲的宝贵记录。编者按全文如下："弘文学院校长嘉纳治五郎因为中国留学者谋利便，每周请其国中专门学者临院演述专门学问大略数小时，院外之人皆可往听。某君以其所者笔记之寄稿本社嘱为登录，以广闻见而开智识。夫专门学问非可易言，乃以最短之时间述其毕生之学业，其亦何能详备。惟借此使吾国民之世界学术之不易言而争自奋以求进步，则或嘉纳氏之苦心。而本社实有传播之责也，兹将某君所寄本编大略及军舰学大略（见军事门）两稿录登报端焉　本社识"（标点为引用者所加）。

由此可知，第一，嘉纳每周邀请日本国内学者来学校讲演，目的是让留学生了解世界学术，进而发奋图强。第二，丘浅次郎在弘文学院讲过进化论，但不是一般授课，而是演讲。所以鲁迅听过丘浅次郎的进化论授课并非空穴来风。第三，允许校外人士参加。第四，中国留学生将演讲记录投稿至《新民丛报》发表。演讲人用日文演述，译员翻译至中文。第五，同期《新民丛报》还有另一篇演讲纪录稿《军舰学大略》刊于《军事门》一栏。查阅《新民丛报》发现，1902 年 10 月 21、23 日，嘉纳为弘文学院师范生演讲，谈"支那教育问题"，见杂志第 23 号、第 24 号；丘浅次郎"进化论大略（弘文学院特别讲义）"，演讲者不详的"军舰学大略（弘文学院特别讲义）"则刊于第 46—48 号合刊，1903 年 2 月 14 日；江口辰太郎讲演"教育学泛论"（第三章，第 59 号，1904 年 12 月）、"教育学泛论"（第四至第六章，第 60 号，1905 年 1 月）、"教育目的论"（第 67 号，1905 年 4 月）、湘乡朱德裳述"警察学演说"（第 69 号，1905 年 5 月）、"警察演说"（第 70 号，1905 年 12 月）等。其中与鲁迅直接相关的仍属丘浅次郎的进化论演讲。这一问题有很多因素交织在一起：横亘东西方的思想新潮和流行话语、作为自然科学理论学说所具有的"真理性"及其对人类社会的适用性、以丘浅次郎为代表的日本人对进化论阐释传播和普及等等，多重地介入了鲁迅进化论信仰的建构。但我们依然可以想见，就在1902年1月，丘浅次郎出版了厚达八百多页的《进化论讲话》，对进化论的形成变迁以及各家学说的最新态势进行了简明通俗的考察和解说，加速了进化论的普及和读者的认知。特别是著名专家学者面对面的近距离演讲，更会以强有力的方式感染和影响听众。所以说，在鲁迅与进化论之间，丘浅次郎无论如何都是一个极其重要而近切的角色，值得我们进一步深入探讨。而在这个发生思想影响的局面中，嘉纳依旧是一个重要的因素。

其三，弘文学院尊孔祭孔的问题。下面这段话，研究鲁迅的人大都熟悉，人们也习惯在鲁迅的叙事文脉和情感方向上评论嘉纳，断定他守旧，隐约将之看作与鲁迅对立的一面。"政府就又以为外国的政治法律和学问技术颇有可取之处了。我的渴望到日本去留学，也就在那时候。达了目的，入学的地方，是嘉纳先生所设立的东京的弘文学院；在那里三泽力太郎先生教我，水是氧气和氢气所合成，山内繁雄先生教我贝壳里的什么地方其名为'外套'。这是有一天的事情。学监大久保先生集合起大家来，说：因为你们是孔子之徒，今天到御茶之水的孔庙里去行礼罢！我大吃一惊。现在还记得那时心里想，正因为绝望于孔夫子和他的之徒，所以到日本来的，然而又是拜吗？一时觉得很奇怪。而且发生这样感觉的，我想绝不止我一个人"①。其实，在当时那个时代，鲁迅对祭孔抱有不满和疑问，是有其背景条件的。今天我们不应仅仅满足于赞同或是声援鲁迅，而是要切实了解鲁迅的

---

① 鲁迅：《在现代中国的孔夫子》（1935年），引自《鲁迅全集》。本文的最早版本为日文版，发表于日本《改造》月刊1935年6月号。中文版署名"亦光"译，发表于在日中国留学生主办的《杂文》月刊第2号（1935年7月，日本东京），题为《孔夫子在现代中国》。后收入鲁迅编选《且介亭杂文二集》（上海三闲书屋，1937年）。另，丸山升《关于山本俊太氏收藏的〈在现代中国的孔夫子〉手稿》（陆晓燕译，《鲁迅研究动态》1985年第6期）一文提供了鲁迅手稿的独特信息，极具参考价值。

思路脉络，返回 1902 年那一历史现场，以贴近历史、理解并同情历史的态度，把握"事件"发生的多面情状，用平和、宽厚、稳妥的历史感觉，进行合理的历史叙述和阐释。

那么，嘉纳主导弘文学院祭孔的诸项背景究竟如何呢？

第一，当时中国国内的政治和文化形势。就在鲁迅留日的前一年，大清朝廷在江山风雨飘零摇摇欲坠、而改良变法呼声不断的情况下，1901 年 1 月 29 日（光绪二十六年十二月初十），慈禧太后（1835－1908）在西安发布"变法"上谕，表示要更法令，破锢习，求振作，议更张，实行"新政"。同年 4 月，下令成立以庆亲王奕劻为首的"督办政务处"，负责筹办"新政"，任李鸿章（1823－1901）、荣禄（1836－1903）等人为督办政务大臣，刘坤一（1830－1902）、张之洞（1837－1909）[后又增加袁世凯（1859－1916）]为参与政务大臣，总揽一切"新政"事宜。7 月，张之洞和刘坤一三次联合上奏，提出了一些变法措施，即"江楚会奏变法三折"，受到了慈禧太后的重视。他们的建议再加上袁世凯的意见，就成为清廷推行"新政"的蓝本。由此，清末新政，即 1901－1905 年间清政府推行的涉及政治、经济、教育、军事等各个方面的改革正式开启。从此，清廷最高统治者终于从"天下中心"的迷梦中觉醒过来，意识到自己是生活在一个叫地球的行星上，不再局限于小修小补、被动反应，而是倾全国之物力，主动出击，推动了中国向世界接轨的进程。鲁迅赴日留学恰恰是伴随清末新政得以实现的，但清末新政在进行政治经济和教育改革、试图变法维新的同时，仍然力图维护"中体"（三纲五常），所谓"盖不易者三纲五常，昭然如日星之照世"[①]。1903 年的《学务纲要》强调"中国之经书，即中国之宗教。若学堂不读经书，则是尧舜禹汤文武周公孔子之道，所谓三纲五常尽行废绝，中国必不能立矣"，规定"中小学堂宜注重读经以存圣教"。1903 年的《奏定学堂章程·各级学堂管理通则》中仍规定各学堂集会仪式必须向孔子牌位行三跪九叩大礼；1906 年学部规定"忠君""尊孔""尚公""尚武""尚实"为教育方针，并强调"孔

---

① 故宫博物院明清档案部. 义和团档案史料（下册）[M]. 北京：中华书局，1959：914.

子之道大而能博，不但为中国万世不祧之宗，亦五州生民共仰之圣，……无论大小学堂，宜以经学为必修课目，作赞扬孔子之歌，以化末俗浇"。（舒新城，1981：217）也就是说，清政府一方面意识到不改革将遭灭顶之灾，并开始实行各种改革措施，另一方面又恐惧"三纲五常"风化解体，于是极力主张维护孔教，尊孔读经。这种态势又投射和波及自古以来深受中国儒学熏陶的东瀛，引起一部分崇仰儒教人士的极大关注，而嘉纳恰恰是这类知识分子的典型代表。

第二，是嘉纳对以孔子思想为代表的儒教的态度。嘉纳属于典型的尊孔派，他对于教育问题的思考核心，在本质上与儒教思想是息息相通的。借用著名学者甘阳的描述，"儒家真正的精神，是非常缓慢地通过教育的努力而逐渐正人心、齐风俗，而不是期待很快的政治改革的具体效果"[①]。即强调教育的"教化"功能。嘉纳一贯认为，教育是解决人的社会问题的最终手段，也是最根本的手段。因此，他一直反对伴随暴力的激烈激进革命，主张温和的、循序渐进的改良主义。在这一点上，同样是面对孔子，嘉纳与浸润在"保种救国图存"这一时代激流中的鲁迅之间存在许多差异。嘉纳对中国传统文化之核心的孔孟儒家极为敬重，他看重孔孟之道对日本文化的久远恩泽，又把孔孟之道视为一种具有普遍恒久价值的文化。嘉纳在许多场合都表明了自己的主张，1902年，他发表《清国》一文，指出："我国与清国仅有一水之隔，往古之时，我国曾从清国输入制度以及物质文明，促进了我国的开化发展。（中略）中国的德育以孔孟之道为基本，日本的德育大部分也来自孔孟的教诲"（嘉纳治五郎，1989：210），直言自己尊崇孔孟的立场。中国国内媒体也关注到这些发言。笔者在调查中多次发现此类报道。清末上海的文摘性刊物《经济丛编》1903年第一期就刊登了"子余来稿"的《宏文学院嘉纳治五郎对诸生演说》，这应该是弘文学院创立不久后的一次演讲，嘉纳表达了他对中国儒教

---

① 甘阳. 康有为与保守主义[EB/OL]. 21 世纪网，URL：http://ent.21cbh.com/2014/8-16/wMMDAxMzlfMTI3MTkwMg. html, 2014-08-16.

文化的感恩之心:"日本前此之文明,皆来自中国者也。古昔榛莽未开,及输入孔孟之学,道智慧渐启,文化日开,千余年于兹,愧无以报德。"(子余,1903:22)在 1903 年 6 月 4 日创刊的文摘类刊物《经世文潮》(又称《经世报》,半月刊,上海编译馆辑录)第一期和其他各期,嘉纳的此类言论更被冠以《嘉纳治五郎学界国际策》等题名译介刊出。1903 年,在弘文学院的毕业典礼致辞中,嘉纳依旧不厌其烦:"振兴中国教育,以进入二十世纪之文明,固不必待求之孔子之道之外,而别取所谓道德者以为教育,然其活用之方法,则必深明中国之旧学而又能参合泰西伦理道德学说者,乃能分别其条理而审定其规律。"(马力,1982:18)他认为,在谋求新时代文明时,不能过分偏重西洋文明,而应该发掘和应用传统儒学文化的价值。上述的诸多言行,体现了嘉纳虔诚而一以贯之的孔孟观和儒教观。

正是在这一背景下,嘉纳希望留学生对孔孟之道多些敬畏,带领弘文学院学生举行祭孔活动,以示尊重孔孟之道。需要指出的是,嘉纳倡导和推行尊孔,不仅仅是面向中国学生,也不是一次性的活动。在西方冲击东方、整个社会面临改革重构、经受剧烈震荡变动的时代,嘉纳谋求在儒家学说中获得稳定的精神资源。其重要标志就是,1907 年,嘉纳担任孔子祭典委员会委员长,恢复了中断多年的孔子祭典。元禄三年(1690 年),德川幕府将军在东京汤岛创建孔子庙,通称"圣堂",作为祭奠孔子的专用场所,每年举行孔子祭典,后来又在此开设了昌平坂学问所。1868 年明治维新后,圣堂和学问所为明治政府接收。1872 年,圣堂变成日本最早的博览会会场,学问所也变成东京大学并迁移他处。于是在原学问所所在地开设了高等师范学校。与此同时,具有悠久历史的孔子祭典也画上了句号。1880 年,一部分有识之士为国家的前途忧虑,成立了"斯文学会",目的是利用儒教培养人们的坚实思想,巩固国家基础。嘉纳担任高师校长后,借高师搬迁大冢之际,再度提起孔子祭典事宜。1906 年,负责管理汤岛圣堂的高师职员为孔子祭典长期荒废感到遗憾,计划在大成殿举行祭典,以表达对孔夫子的崇敬之情。1907 年 1 月,祭典发起人会召开,宣布嘉纳为祭典委员会委员长。4月，正式举行盛大祭典。此后的十余年间，嘉纳一直担任祭典实行委员长。1918年，孔子祭典会与斯文学会合并，孔子祭典统由斯文学会继承，嘉纳仍担任孔子祭典部部长。嘉纳曾经说过"日本的德教脱胎于孔子教，考虑到国家的未来，这（指祭孔。引用者）实在是一件值得高兴的事"（嘉纳治五郎，2011：94）。

鲁迅说，"这是有一天的事情。学监大久保先生集合起大家来，说：'因为你们是孔子之徒，今天到御茶之水的孔庙里去行礼罢！'我大吃一惊。现在还记得那时心里想，正因为绝望于孔夫子和他的之徒，所以到日本来的，然而又是拜吗？一时觉得很奇怪。而且发生这样感觉的，我想绝不止我一个人"。在这里，鲁迅只是如实记录了当时发生的事实以及自己的心情，并未涉及对嘉纳尊孔或者孔子学说本身的评判。况且，退一步说，即使鲁迅发表了意见，也还有一个恰当与否的问题。后来有些鲁迅研究者在涉及鲁迅与弘文学院或者嘉纳举行祭孔时，往往从一种揶揄甚至批判的视角进行叙述，是很值得商榷和反思的。

鲁迅在当时对嘉纳尊孔的反感，必须在当时的时代氛围和趋向中去理解。那就是，在清末那个国家民族濒临存亡危机、有识之士追求新学谋求变法奋起自救的情境中，人们往往趋向于以决绝激进的情感态度对待旧的传统文化。同期或稍后时代的陈独秀、胡适等先驱者莫不如此。我国老一辈历史学家、著名孔子研究者金景芳教授有过这样的论断，"如何评价孔子是孔子研究中的一个大问题，无论谈孔子的哪一方面，最终都要落到这个问题上"。"凡是治世都尊孔，凡是乱世都反孔。道理在于孔子的学说对维护社会安宁秩序有利，对破坏社会的旧秩序不利。当革命动乱时期，社会需要破，不破坏旧秩序，不能建立新秩序，而孔子学说是破的障碍，人们当然要反孔，至少要冷落他。当社会面临建设，要建立新秩序的时候，再破不止，旧的新的将同归于尽，不会有好的结果，而立是重要的，这时候孔子的学说必然受到重视。以往的历史恰恰又是一治一乱发展过来的。《孟子·滕文

公下》说：'天下之生久矣，一治一乱。'孟子已经看出社会的发展总
是采取治乱交替的形式。孟子的见解符合以往的客观情况。这样说来，
孔子的命运时好时坏，时而受尊，时而挨批，本是正常的事，不足奇
怪。"（吕绍纲，1991：123）因此，也可以说，年轻的鲁迅与嘉纳对
孔子的不同态度，建立在各自不同的情境系统和逻辑系统中。鲁迅对
于祭孔的反感和失望，符合渴求变法改革的诉求，而嘉纳对孔子价值
的认可和评价，也具有文化逻辑的依据。以鲁迅的姿态作为正反判断
的唯一标准，是不够妥当的。无论如何，以今日的超越立场来看，在
明治日本，在那个对中国人来说充满屈辱的时代，嘉纳崇敬孔子，感
念孔子学说给予日本文化的惠泽，认为孔教具有普世价值，无论如何
都是一件具有正面意义的事情。鲁迅与嘉纳，不必一定捆绑在一起对
决，分出高低胜负来。因此，重新考察和辨析鲁迅对"祭孔事件"反
弹的背景、理由和逻辑，可以引发我们的诸多思考与反省。

　　除此之外，由于嘉纳的特殊身份和地位，由于他的众多人脉资源，
弘文学院的学校生活中，还有不少其他学校难以企及的活动，开阔了
留学生的视野，为他们增添了有益的体验机会。据笔者调查，比如，
1902 年后，留日热潮升温，清政府及各地方政府纷纷组织视察团，
赴日进行各种视察，而有关教育方面的视察，由于嘉纳的存在，大体
都会有参观弘文学院这样的内容。嘉纳主办的《国士》杂志曾经报道过
这些信息，如清廷三等镇国将军爱新觉罗・毓朗（1864－1922）以及
著名教育家、文学家吴汝纶（1840－1903），均在 1902 年 5 月来日，
两人曾在同一天赴弘文学院参观考察；1906 年 6 月，清政府派遣十
二省主管教育的"提学使"赴日考察。代表团领队湖北提学使黄绍箕
（1854－1908）系张之洞侄女婿，1902 年嘉纳巡游中国时，黄绍箕负
责接待陪同，故此次赴日专门到弘文学院视察，并在学校合影留念，
后来弘文学院编译出版《宏文学院讲义录》时还特意收录了这张合影。
此外，弘文学院每年都举行大规模的运动会；笔者在查阅日本外务省
外交史料时，还发现了嘉纳申请弘文学院师生参加天皇阅兵仪式的有
关文件。

结语 "鲁迅" 形成中的嘉纳

如前所述，表面上看，鲁迅与嘉纳之间并无多少直接交集，但实际上，鲁迅留日的第一个时期，他所栖身的学习生活环境和思想文化环境及其呈现的结构方式，都和嘉纳有着内在联系。对嘉纳的理解，连接着对鲁迅形成的不同阶段以及大环境小环境的理解，最终连接着对鲁迅及其精神世界的把握。笔者从事本课题研究的主要动因，即在于此。

条分缕析地标示出鲁迅与嘉纳的直接对应关系是件很难的事。这既是由于鲁迅本人极少谈论自己的留日经历，而周边他者的证言也少之又少；同时也是由于精神气质、思想信念这类存在的相互影响原本就是相互融合并经过复杂反应的化学方式，而非单纯叠加的物理方式，常常呈现为隐性的、暧昧的样态。尽管如此，由于嘉纳的存在——他的特殊身份、教育理念以及教育运营方式，使得弘文学院看似平常，但实际又颇不平常。它为留学生们创造了相对良好而丰富的留学条件，提供了较多让学生接触和了解日本社会的机会。以弘文学院的两年留学，鲁迅完成了日语习得，尤其重要的是，初步学习和掌握了近代的一般科学知识体系，实现了知识体系的现代转换，也就是获得了近代的基础文明体系，为"现代鲁迅"的形成奠定了必要的思想文化和知识基础。鲁迅以此为起点，在汲取"西学"（也包括日本独特的精神和文化）的基础上，熔铸个人的独特体验和思考，形成了现代中国独特的思想者和文学者类型。这个过程凝聚了许许多多的因素，而嘉纳和他的弘文学院也是一个极其重要的因素。我们对嘉纳和弘文学院的内情了解得越多，越会深切地感受到这一点。

参考文献

[1] 坂根庆子. 宏文学院的日语教育（宏文学院における日本語教育）[J]. 东海大学纪要留学生中心（13），1993：1-16.

[2] 故宫博物院明清档案部. 义和团档案史料（下册）[M]. 北京：中华书局，1959：914.

[3] 宏文学院. 宏文师范讲义卷之一[M]. 东京：东亚公司，1906：4.

[4] 嘉纳先生传记编纂会编. 嘉纳治五郎[M]. 东京：讲道馆，1964：21-22.

[5] 嘉纳治五郎口述. 落合寅平笔录. 作为柔道家的嘉纳治五郎（一）[M]//嘉纳治五郎著作集 （第三卷）. 东京：五月书房，1983：9.

[6] 嘉纳治五郎/我的柔道家生涯（柔道家としての私の生涯）[M]//嘉纳治五郎著作集 （第三卷），东京：五月书房，1983：33-34.

[7] 嘉纳治五郎大系（第五、六、七卷）[M]. 東京：本の友社，1989.

[8] 嘉纳治五郎. 足立学校释奠讲演笔记[M]//气概和行动的教育者嘉纳治五郎. 筑波：筑波大学出版会，2011：94.

[9] 酒井順一郎. 明治期に於ける近代日本語教育—宏文学院を通して—[J]//総合研究大学院大学文化科学研究科. 総合日本文化研究実践教育プログラム特集号. 2007.

[10] 酒井順一郎. 清国人日本留学生の言語文化接触[M]. 東京：ひつじ書房，2010：88-93，97-105.

[11] 梁启超. 祈战死[M]. 清议报（全编卷六）. 北京：中华书局，1991：185.

[12] 鲁迅.《中国矿产志》例言[M]//鲁迅著译编年全集（卷壹）. 北京：人民出版社，2009：164.

[13] 鲁迅.《集外集》序言[M]//鲁迅全集（第7卷）. 北京：人民文学出版社，1981：4.

[14] 鲁迅. 因太炎先生而想起的二三事[M]//鲁迅全集（第六卷）. 北京：人民文学出版社，1981：567.

[15] 鲁迅. 在现代中国的孔夫子[M]//鲁迅全集. 北京：人民文学出版社，1981：321.

[16] 吕绍纲. 金景芳先生与孔子研究[J]. 孔子研究，1991（3）：123.

[17] 马力. 鲁迅在弘文学院[G]//鲁迅生平史料汇编（第二辑）. 天津：天津人民出版社，1982.

[18] 目加田诚. 鲁迅[M]. 东京：龙溪书舍，1979：94-95.

[19] 目加田诚. 从秋到冬（秋から冬へ）[M]. 东京：龙溪书舍，1979：94-95.

[20] 松本亀次郎. 隣邦留学生教育の回顧と将来[M]//教育 7（4）. 東京：岩波書店，1939：53.

[21] 内山完造著，雨田译. 鲁迅先生[M]//鲁迅先生纪念集（第二辑）. 鲁迅先生纪念委员会，1937：11-12.

[22] 实藤惠秀著，谭汝谦. 林启修译. 教育留学生的学校[M]. 中国人留学日本史（第二章第六节）. 北京：三联书店，1983：43-52.

[23] 舒新城. 中国近代教育史资料（上册）[M]. 北京：人民教育出版社，1981：217.

[24] 丸山升著. 陆晓燕译. 关于山本俊太氏收藏的《在现代中国的孔夫子》手稿[J]//鲁迅研究动态 1985（6）. 北京：鲁迅博物馆，1985：26.

[25] 王若海. 文景迅. 了解鲁迅留日时期的一份资料——关于〈清国留学生会馆第一次报告〉[J]. 山东师院学报，1976（4/5）：91-94.

[26] 武田勝彦. 嘉納治五郎の推輓[M]//松本亀次郎の生涯—周恩来·鲁迅の師. 東京：早稲田大学出版部，1995：135-150.

[27] 小川环树. 留学的印象——鲁迅及其他[M]. 小川环树著作集（第五卷）. 东京：筑摩书房，1997：408-409.

[28] 薛绥之. 鲁迅生平史料汇编·第二辑[G]. 天津：天津人民出版社，1982：279-280.

[29] 子余. 宏文学院嘉纳治五郎对诸生演说[J]. 经济丛编，1903（1）：22.

[30] 清国留学生会馆. 清国留学生会馆招待规则[M]//游学译编（3）.东京：游学译编社，1902.

［31］佚名. 支那教育问题［M］. 新民丛报（23）. 横滨：新民丛报社. 1902：110.

［32］佚名.关于改良日语教授法的拙见［M］//宏文学院关系史料（日本語教授法改良ニ就キテノ鄙見）原件保存于东京讲道馆.

［33］佚名.国士（复刻版）第 1 号［M］. 东京：本の友社，1903：45-46.

［34］甘阳.康有为与保守主义［J/OL］21 世纪网，http://ent.21cbh.com/2014/8-16/ wMMDAx MzlfMTI3MTkwMg.html, 2014-8-16.

［35］见"讲道馆"主页，http://www.kodokan.org/j_basic/history_ j.html , 2014-07-10.

戏曲程式的表意和文化信息①

What Stylized Movement Patterns Express and Inform

费春放　孙惠柱②

摘　要:惯于西方理念的话剧人乃至现在一般的文化人常常对演员身上的微妙动作视而不见，因为戏曲动作多而话（这个"话"应该包括对话与唱词这两种含有文字的成分)少就一言以蔽之:内容单调，形式空洞。舞台上话说得少是否必然内容也少？程式化动作的表意功能是否必然不如说出来或者唱出来的"话"？文章以取材于西方话剧的戏曲作品为例，对这些问题予以论述。

关键词:戏曲艺术；戏曲程式；西方剧作；舞台演出；表意；文化信息

Abstract: Using examples of Chinese traditional operas inspired by Western spoken-dramas, the authors challenge the notion that words are quintessentially more profound or expressive than stylized movement patterns in traditional theatre.

Key words: Chinese traditional opera; stylized movement patterns; Western drama; stage performance; expressivity; cultural information

---

① 原文发表在《艺术百家》2015 年第 5 期。
② 费春放博士，华东师范大学教授；孙惠柱博士，上海戏剧学院教授、纽约《戏剧评论》（TDR）联盟轮值主编。两位作者在海内外长期从事戏剧教学研究和创作。

　　一般认为，中国戏曲和西方话剧的最大不同在于戏曲"曲"多而话剧"话"多；其实同样重要的是，戏曲里的肢体动作也比话剧多得多。唱念做打的"做"和"打"都是程式化的外部动作，而"唱"和"念"虽然以语言为主，也都离不开程式化动作的配合。戏曲演员从小就要花大量时间学程式、练动作，戏迷也极其关注舞台上每个动作的准确和精妙；但习惯于西方理念的话剧人乃至现在一般的文化人常常对演员身上的微妙动作视而不见，因为戏曲动作多而话（这个"话"应该包括对话与唱词这两种含有文字的成分）少就一言以蔽之：内容单薄、形式空洞。必须承认，的确有不少从表到里全都陈陈相因，或者只注重外部技巧、基本无视内涵的戏曲剧目；但这里有一个不能不问的关键问题是，舞台上话说得少是否必然内容也少？程式化动作的表意功能是否必然不如说出来或者唱出来的"话"？要回答好这两个问题，绝不能拿最好的话剧来对比最差的戏曲，当然也不能拿最差的话剧来对比最好的戏曲，最好是公平地来比较大致讲述同样故事的话剧和戏曲，所以，取材于西方话剧的戏曲作品是合适的研究对象。

　　遗憾的是，拿最好的话剧来比最差的戏曲几乎已经成了现代文化人的习惯，这个习惯始自大约一百年前。"五四运动"中有两个关键的要素和戏剧密切相关：《新青年》大力宣传的"易卜生主义"出自"现代戏剧之父"，被严厉批判的旧文化中对老百姓影响最大的则是"旧剧"，也就是戏曲。那时候易卜生与戏曲在新派文化人眼里形同水火，谁也不会想到，1906年以78岁高龄谢世的易卜生和同年刚刚出生的越剧在一百年后竟会牵手联姻，呈现出女子越剧《心比天高》和《海上夫人》。当年的全盘西化派曾经断言，戏曲的绝大部分形式都是只能为封建遗老服务的旧时代的"遗形物"，要用西方舶来的"新剧"全盘取而代之；但是由于几百个戏曲剧种在全国范围内既广且深的草根性，这个极端的主张从未真正实现过。包括梅兰芳在内的不少戏曲艺人也都曾尝试过演绎现代故事的时装剧，然而以程式动作为核心的传统戏曲形式实在强大，极难被套在时装下面充分发挥，最终只得作罢；穿现代服装的戏曲再怎么努力，还是始终进不了主流——除了"文革"十年的非常时期以外，只能在戏曲的边缘徘徊。话剧总算在中国扎下了根，但还只是在城市里——20 世纪 30 年代熊佛西、杨村彬他们在河北省定县从事的农民话剧教育是空前绝后的伟大实验，但是五年后城里的老师一走，当地就再也没有人想到要去演话剧了。话剧在城市里的"根"其实扎得也不算太牢，眼下北京上海以外的绝大多数城市里，话剧仍然基本上还没有常规的市场，偶尔的演出多半是专门做给领导和专家看的。然而，伴随着易卜生式的话剧而来的西方理论却主宰了戏剧界的话语权，把我们自己的国粹推到了边缘，几乎就要推出去了——"戏剧戏曲学"这一术语的官方认定已经把"戏曲"排除在了"戏剧"之外，在官方组织编纂的"大百科全书"里，只有中国话剧是和外国戏剧放在一起，戏曲必须和曲艺放在一卷里。

美国学者艾利克斯·黄（Alexander Huang）指出："不幸的是，对中国戏曲的视觉方面的过度强调把戏曲变成了一个与话剧对立的表意系统。"如果说分析戏曲和话剧两个不同的表意系统的异同还是有必要的，问题主要是在二者之间分高下——一个关于景观只能为文本的解释服务的等级观念。事实上，美国学者魏美玲（Emily E. Wilcox）认为，在戏曲表演中"通过聚焦于情和表演技巧的多方面的连接互动，会产生新的意义和感情"，例如，在根据易卜生剧作《海达·高布乐》改编的越剧《心比天高》中，"焚书稿一场是海达内心冲突的情感高潮，通过一段高度戏剧性的独唱独舞，观众感受到了海达心中嫉妒和决绝的深度"。还有，"剧中的一对'鸳鸯剑'让易卜生的剧本适应戏曲的需要，给了海达更为广阔的情感表达的空间，在这里她可以运用歌唱、舞蹈、音乐、道具等多种戏曲手段"。

谁说戏曲一定陈旧不堪？其实如果要看历史的话，戏曲未必都是"旧剧"，上海地区三大剧种的越剧、沪剧和滑稽戏都和话剧差不多年纪。越剧的程式比沪剧和滑稽戏更多，更适于演古装戏。取材于易卜生《海达·高布乐》的《心比天高》最初是我们为沪剧而写的"西装旗袍戏"，就是考虑到沪剧是最接近话剧的戏曲剧种，移植过很多话剧，因为没有太多程式，最像"话剧加唱"，语言也不必删去太多。后来杭州越剧院决定排演，导演支涛和展敏希望我们改成古装戏，说只有古装才能用上包括水袖在内的大多数越剧程式，才能发挥越剧载歌载舞的审美特长。这一来剧中的"话"还要大大删节——沪剧本的字数本已是话剧的 2/5 弱，越剧又必须减去一半。虽然我们被导演说服了，但在开始排练《心比天高》时，我们并不能肯定易卜生故乡的挪威人会怎么看我们的越剧版，因为此时剧本文字只剩下不到 1/5，还全都脱胎换骨了。

易卜生的曾孙女娜拉·易卜生代表挪威"国家易卜生年"组委会从奥斯陆飞到杭州，看了最初排出的半小时戏，当即独自拍板决定，邀请剧组去参加 2006 年易卜生逝世百年纪念年的开幕演出；但她只选了一个三分半钟的片段，展现海达在舞蹈中挥剑自刎的结局。2006 年 1 月 14 日开幕式在奥斯陆的国会大厦举行，仿佛是一个极端升级版的"央视春晚"，不但现场直播，现场观众规格还特别高，包括国王、王后和首相率领的整个内阁，从世界各国顶级院团请来演出的易卜生剧目都只有几分钟——包括"话剧"和完全不讲"话"的芭蕾舞以及唱不了几句"话"的歌剧。同年 9 月我们又去奥斯陆演了全剧《心比天高》，是那个有史以来最大的易卜生戏剧节的四台《海达·高布乐》演出中特色最浓的。我们听到的挪威及各国观众——包括许多戏剧专家——的反应全都是又惊又喜，人们没想到海达竟可以用如此美丽的歌舞一体的形式来体现，而这个呈现又并没有脱离原剧的故事和人物，观众一眼就认出了他们熟悉的海达。挪威"易卜生国际"的艺术总监英格·布列桑女士看了几遍后找来，要《心比天高》的原班人马再搞一个易卜生，于是就又有了一个挪威人发起制作的越剧《海上夫人》。

《心比天高》和《海上夫人》的情节都聚焦于女性，看起来似乎意趣相悖：海达心高气傲，没有男人比得上她，她心里也看不上任何人；荔达却很传统，在丈夫和旧情人之间最终选择了留在家里相夫教女。但其实这两个戏的核心都是现代人必须面对的自由选择问题，这些艰难的选择在话剧里必须像辩论赛一样用大段台词说出来，而我们的戏曲很少用日常生活中的白话台词，主要用放大的歌舞来展现，更显得步步惊心，并没有老戏可能给人的陈旧落套的感觉。这两个"女子越剧易卜生"在中外都被成功接受，说明凸显现代精神的"易卜生主义"和外表很不写实的古装戏曲完全可以相得益彰——在二三百个戏曲剧种中,独一无二的单性别剧种女子越剧可以算是最"反写实"的。20世纪20年代,洪深从美国回来开创现实主义话剧事业并为"话剧"定名,他想好要做的第一件事就是杜绝男女反串,即便当时现代戏剧的先锋周恩来、曹禺和李健吾等人都曾乐此不疲地在现代新戏里演过女角。20世纪60年代,江青大搞京剧革命,本来根本就看不上她"最不喜欢"的女子越剧,但还是忍不住插了一手,命令越剧学校培养男演员,因为她认为:"女人演男人是六十年代怪现象,讨厌透了!"(上海越剧院)洪深和江青分别反对男演女和女演男,当然有不同社会政治背景,但艺术观念上的原因都是因为性别反串违背现实主义的原则。

"五四"时胡适等人推崇现实主义话剧、自由体新诗、记录日常生活用语的白话文,以为只有多用"话"才能反映现代社会,在当时确有一定道理,中国确实很需要能用大白话直接讨论时政话题的写实话剧,那也是文化向普罗大众普及的需要,而未必是提高艺术境界的需要。事实上,被新文化人视为落后的戏曲在戏曲推崇者眼里是大大高于白话剧的,曹林就这样评价梅兰芳的京剧:"梅氏的几次海外巡演,普遍注重学术意义,尤其是齐如山担纲操作的美国之行,直接定位在要让世界认识中国戏曲与欧美戏剧的不同,使西方了解中国戏曲注重写意的美学特征。演出之外,梅氏频繁受邀请或被安排到一些著名大学进行座谈、演讲,还被授予多个荣誉博士头衔。所以,梅氏的名声大噪且持久不衰,与坚持在学术上高于其他人的准确定位有很大关系。"(虽然这个"学术上高于他人"的"定位"未必真的很准确,但是百八十年以后,当易卜生所代表的客厅剧和各类戏曲都成了古典——英文中"古典"和"经典"是同一个词Classics,我们就可以相对客观地看清楚,易卜生作品中渗透了象征主义的后期剧作比他中期的"社会问题剧"更为典雅精致,也和中国戏曲有更高的相似性和相容性。

而在20世纪初中国话剧的草创时期,无论中外谁也没看清中国的传统文化和现代戏剧牵手合作的可能。但随着世界戏剧的快速发展，现实主义戏剧的长处和短处都越来越显现出来——便于细腻地反映普通人的日常生活，却很难凸显那些"反常"或是"大写"的人的丰富内心。写实手法很适合体现坐在客厅里和丈夫讨论婚姻关系的娜拉，而要展现用满腔妒火焚书稿的海达就有点力不从心了。在越剧舞台上，一身火红的周妤俊连说带唱，再舞动超长水袖，几乎"点燃"了整个剧场；既给人极致的美感享受，又带来强力的灵魂冲击。幸亏在案头阶段导演和演员说服我们把"西装旗袍"改成了古装，坚持了在传统程式的基础上再创新的原则——水袖绝不能少，还要加长，才能充分展现海达焚稿时无比激烈的内心情绪。

在《海上夫人》里，我们再一次打开了易卜生恪守"三一律"的客厅的大门，让被话剧关在屋里从头到尾说话思辨的荔达走出门外去采取行动——和旧情人到野外山上去"夜奔"一场，直到受挫以后才下决心回家。我们把昆曲《夜奔》里的不少传统程式套过来，用在这个本来不相干的越剧中，把原来一个男人的夜奔变成了一男一女两个人的戏。排练演出中，两位梅花奖得主谢群英和徐铭充分发挥了越剧名家善于活用程式的特长，将这段移花接木而来的双人连"夜"私"奔"体现得天衣无缝。荔达在夜奔时走圆场迷路绕圈，外化出她头脑里的迷失；情人并没有帮她找到脚下的路，也就意味着不能帮她找到精神的出路。这样的高度动作性的呈现和两个人在客厅里绕着脖子说哲理，效果当然很不一样。

易卜生的这两个名剧在中国并不很有名，话剧演出也几乎没有，一般观众并不怎么了解原剧，也就没有很多关于内容在改编中损失了多少的问题。斯特林堡的话剧《朱丽小姐》则要有名得多，所以常有人要发问，京剧本的改编和删节是否伤害了原著内容——这个问题瑞典人倒从来不问。事实上，改编导致原著信息的损失必不可免，然而有失也有得，而这个"得"往往是来自戏曲程式的魅力。《朱丽小姐》原剧中有两个富含象征意象的情节十分关键——跳舞和杀鸟，但每每让写实话剧的导演头疼，常常只能暗场处理，没法让观众看到；而在我们的同名京剧里，这都是求之不得的好戏，要用戏曲程式来充分放大做足文章——包括传统的程式和新创的程式。

话剧《朱丽小姐》里，村民跳的自然应该是斯堪的纳维亚舞蹈，但话剧演出从不让它上场，只是提到而已，也就不必过分追究了。京剧里这个舞蹈要呈现在舞台上，跳什么舞好呢？排练时第一版的导演（后来的主演）赵群从上海京剧院拿来一个其他剧组用过狮子头试了一下，我们发现舞狮子的程式不但十分符合剧情的需要，还和原剧中的金丝鸟构成了一对极富象征意味的意象，一刚一柔，一俗一贵，朱丽逗狮子，反被狮子吃。这组舞蹈动作不但大大地补偿了删去的台词，还使得舞台意象及其背后关于阶级差异和两性冲突的寓意更加丰富多彩，微言大义尽在不言中。原话剧中的金丝鸟只在最后出现，既然这是养尊处优的贵族小姐的象征，我们就让它在上半场也出现，和狮子一样都出现两次，贯穿始终。京剧中本来没有类似的鸟舞程式，赵群为此跟第一版的主演徐佳丽专门编创了一段无实物的鸟舞——借鉴"以鞭代马"的原则，用一根小小的鸟棍来指代金丝雀；后来在郭宇导演、赵群主演的完整版《朱丽小姐》中，这根鸟棍变成了朱丽手中的折扇——既可以折起来让鸟栖息，又可以打开来给鸟喂食。希望在不断地演出和改进以后，这段鸟舞能形成一种可以传承下去的程式。对剧情来说，狮子和金丝鸟及其相关舞蹈形象的出现和加强提供了原话剧中难以用文字直接展现的新的信息，但又是在原剧人物性格的基础上生发出来的。

周妤俊、谢群英和赵群等饱含激情的戏曲程式体现——或者说用高度技巧的程式呈现出来的激情，显然比"话剧"更能打动人；她们虽然穿的是古装，骨子里却是超前的易卜生和斯特林堡在一百多年前就预示了的最现代的精神。我们这些实验还证明，比之鼓吹妇女解放的《玩偶之家》《海达》与《朱丽》的现代性时效更长，并不会随着具体社会改革的实现而过时。在创作这几个现代经典戏曲版的过程中我们发现，要充分表现开阔的现代意识，穿传统程式需要的古装恰恰是最好的选择——穿上"样板戏"那样的现代服装的《海港》和《龙江颂》未必就体现了真正的"现代"思想；而超越了日常生活服装、不受拘束的宽袍大袖，加上行云流水的程式化肢体动作和"言之不足则嗟叹之，嗟叹之不足则咏歌之"的程式化歌唱，才配得上"大写的人"的气度。导过一百多出戏、著作甚丰的美国加州大学资深戏剧教授罗伯特·科恩说，他一直觉得易卜生的《海达·高布乐》很"歌剧化"（operatic），所以他不排，但这个理由似乎很难说服欧美人，他也不知道自己的感觉有多准确。看了《心比天高》以后他兴奋地说，果不其然，"中国歌剧"太适合海达了！

提倡"欧亚戏剧"的戏剧人类学大师尤金尼奥·巴尔巴（Eugenio Barba）毕生研究各国戏剧文化的异同，尤其是各类演员的表演，他有一个巧妙的发现：戏曲和其他亚洲传统戏剧一样，最重要的是其"前表意"（pre-expressive）的成分，就是说，不懂戏的意思不要紧，只要会欣赏还没表意的肢体部分，就可以拿去拼贴到他们的框架里，装进他们自己的"意"。而我们认为，戏曲要按照自身的审美特点，以程式化的歌舞表演故事来"表意"——套用梅兰芳的说法，故事人物要"移步"出新，表演程式则尽量"不换"或少换，因为程式化的唱念做打反而更能"强表意"。戏曲的"前表意"主要是在拿到剧本之前的基础训练阶段，让演员练出巴尔巴所谓"超日常"（extra-daily）的程式化"写意"的身段和嗓子；一旦拿到剧本开始排戏就要表意了，最后的舞台呈现更必须是"强表意"的。为了表意的连贯性和吸引力，这个"意"需要把戏曲的外部程式和斯坦尼的内部心理技巧结合起来，而不是像西方先锋派那样"断章取形"。

《心比天高》《海上夫人》《朱丽小姐》以及孙惠柱的另外两部戏《王者俄狄》《明月与子翰》都是取材于现代西方经典的中国戏曲作品，它们现在讲的都是中国的故事，所以要有中国的讲法，但又要让中国人和外国人都能听懂、看懂，而我们戏曲的程式绝对有办法。有了程式化的动作和歌唱，演员们就不需要在台上喋喋不休讲那么多的话，就可以转而用更美、更动感，也更微妙的肢体和嗓音来把故事讲得更好，让观众在听到精简提炼过的故事的同时，得到更多的美感享受和中国文化的熏陶。如果现有的程式还不足以体现新的好故事，就让我们再创造一些新的程式吧——就像《心比天高》中的焚稿舞和《朱丽小姐》中的鸟舞。中国戏曲的前景在使用和创造更多、更好的程式，更形象地讲好故事，展示更丰富的文化内涵；而不是削足适履、抛弃程式，用更多日常的白话来讲故事。

参考文献

［1］Barba, Eugenio. et al. *The Secret Art of the Performer: A Dictionary of Theatre Anthropology*. London: Roultedge, 1991, 8: 187-88. Print.

［2］Huang, Alex. *Chinese Shakespeare: Two Centuries of Cultural Exchange*. New York: Columbia University Press, P. 176. Print.

［3］Wilcox, Emily E. "Meaning in Movement: Adaption and the Xiqu Body in Intercultural Chinese Theatre." *TDR: The Drama Review*. (New York) Spring 2014, P. 55. Print.

［4］曹林："解密齐如山在梅兰芳访美演出之际的包装术". 中国舞台美术学会网站．http://www.chinaasa.com/article-816-1.html. (accessed 2014-09-23)

［5］上海越剧院："'文革'中的越剧". 上海越剧网．http://www.yueju.net/Article/ShowArticle.asp?ArticleID=812. (accessed 2009-02-23)

对中美高考公平关注点差异的比较研究①

A Comparison of the Points of Concern in the Equity of College Admission Examinations in China and America

窦卫霖　魏　明

摘　要: 本文通过对十多年来《中国日报》和《纽约时报》关于中美两国高考报道的比较研究发现,这两份报纸对高考的公平性都非常关注,发表相关报道近 90 篇。但两国对高考公平的关注点具有明显差异。美国关注的焦点集中在考试内容、残疾人、少数族裔、男女性别和不同家庭背景等几方面,重点是高考与教育过程和结果的公平;中国关注的焦点集中在进城务工人员随迁子女考试资格、地区差异、高考录取名额分配和对考试作弊等几方面,重点是高考与教育机会的公平。在高考改革的期待上,两国却有着高度的一致,都倾向于降低高考分数在录取中的权重。研究结果既显示了由于两国不同背景、不同发展水平对教育公平关注重点的不同,也显示了两国对高考改革的共同关注。

关键词: 高考公平;中美比较;《中国日报》和《纽约时报》

Abstract: This study discusses differences in points of concern related to the equity of college admission examinations between China

---

① 此文发表于《教育研究》2012 年第 9 期。

and the United States of America by comparing reports in *China Daily* and *The New York Times*. The analysis showed that both of these major newspapers evinced concern by carrying about 90 relevant reports during the ten and a half years (January 2001 - June 2011). However, there appeared to be significant differences in points of concern between the two countries. The focus in the United States was on aspects of the contents of the examination (SAT), the disabled, ethnic minorities, gender, and differences in family backgrounds, with an emphasis on the college entrance examination and equity of educational process and outcomes. In China, attention was concentrated on the examination qualifications of migrant workers' children, regional differences, the allocation of college admission quotas, and cheating on examinations, with an emphasis on the national college entrance examination (Gaokao) and equal educational opportunities. However, in terms of the expectations of entrance examination reform, the two countries have a high degree of agreement, and both are tending to reduce the importance of the examination scores in the admission process. The findings not only highlight different concerns regarding educational equality because of their different backgrounds and different levels of development, but also reveal a shared concern about entrance examination reform in the two countries.

Key words: equity of college admission examinations; comparison between China and America; *China Daily* and *New York Times*

高考是一个国家基本教育制度的重要组成部分，承载着选拔人才和促进公平的双重任务，各国对高考在保障和促进教育公平中的作用都非常关注。本文希望通过对《中国日报》和《纽约时报》关于高考公平性报道的比较研究，发现两国对高考公平关注的共同点和不同点，探讨不同发展水平对教育公平理解和诉求的影响，获得改革我国高考制度，促进高考公平的启示。

1. 研究方法

全国性的统一考试是中国以及一些东方国家的特点,美国等一些西方国家并没有中国式的全国统一高考。但 SAT（Scholastic Assessment Test）是美国应用最为广泛的高校标准化入学考试,其成绩是美国多数高校本科录取的一个重要依据。中国的高考与 SAT 虽然在唯一性、权威性方面有很大不同,但功能基本一致,而且近年来 SAT 在美国高考中的地位有被提升的趋势,在录取外国学生时的作用更加突出。

《中国日报》是中国发行量最大的英文报纸,《纽约时报》的发行量以及网站浏览量在美国名列前茅,都属于综合性报纸,在全世界都具有广泛的影响。所以以这两份报纸关于高考与教育公平关系的报道作为比较的对象,可以管窥两国媒体观点和社会思潮。当然由于《中国日报》是官方报纸,《纽约时报》是商业报纸,在报道的取向上有明显的不同,但从反映的问题来看,都比较集中地反映了社会的关注点,两者具有比较高的客观可比性。

从 2001 年至 2012 年 6 月止,关于高考和 SAT 的公平性问题,《中国日报》涉及的报道共有 50 篇,《纽约时报》共有 37 篇。通过对这些报道的比较分析,我们可以发现,两国媒体对高考与教育公平的关系都给予了高度关注,但两国对教育公平的关注点具有明显差异。中国倾向于高考与机会公平关系的探讨,美国则倾向于高考与过程公平和结果公平关系的探讨。两国对高考改革都很关注,其取向却有很高的一致性。

作者对 2001 年至 2011 年期间《中国日报》（www.chinadaily.com.cn）有关高考以及《纽约时报》（www.nytimes.com）有关 SAT 的报道中体现"公平"（"fairness""equity"）和"平等"（"equality"）的词语进行检索,考虑到拼写差异对搜索结果的影响,列入检索范围的词语包括"fair""equal""equities""equitable"。结果表明,从报道的年分布量来看,美国每年的报道比较均衡,2003

年、2006 年关注性提高，中国 2009 年以后关注性爆发性增长，反映出我国社会对高考公平性的关注程度明显提高（参见图 1），这与中国强调改善民生、实现公共服务均等化的国家发展战略有着密切联系。

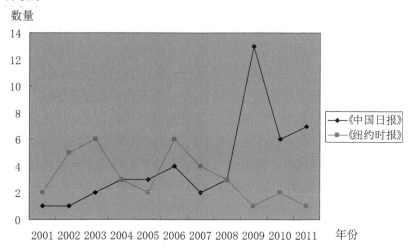

图 1 《中国日报》和《纽约时报》2001 年－2011 年对高考报道的数量分布

2. 美国对高考公平的关注点

《纽约时报》全部 37 篇报道对 SAT 所持的态度基本是批评性的，例如，有报道指出"更多的大学会意识到整个考试已经成为多么愚蠢的做法"；[①]"越来越多的大学开始质疑这些考试对于衡量未来表现的有效性"；[②]甚至有报道认为："SAT 与美国人对于才能的定义以及机会分配的观念背道而驰。"[③]其关注点集中在如下 5 个方面。

---

① Kate S. Lombardi . County Lines; A Score to Settle Over a Pointless Test [N]. New York Times, 2006-04-09.
② Diana J. Schemo. College Board Asks Group Not to Post Test Analysis [N]. New York Times, 2005-12-04.
③ Diana J. Schemo. Head of U. of California Seeks To End SAT Use in Admissions [N]. New York Times, 2001-12-17.

2.1　对考试内容的关注

《纽约时报》上的相关报道共有 9 篇。其质疑的方面主要包括：无法对中学教学起到积极的引导作用[1]；对于"能力"的界定不合理、不清晰、不完整；[2]考察的是应试能力和接受考前辅导的情况[3]；对于大学和以后工作表现的可预测性有限；考察的范围和目的模糊[4]；许多有能力和有创造力的学生考试成绩不佳等。[5]2006 年的一篇报道这样写道："SAT 并不真正说明任何问题，这一点较为明显。最初，这些首字母表示'学术能力测试'。考试委员会对此描述感到不安，后来将其改成'学术评估测试'。现在考试委员会又说这些首字母不再有任何意义，这不得不令人质疑这个考试究竟衡量的是什么。"[6]

值得注意的还有，报道对 SAT 是否应当反映高中所学科目展开了辩论。2008 年的一篇文章说，SAT 应当更好地体现高中所学内容；[7]而同年的另一则报道则给出了相反的看法，认为：由于少数族裔与白人学生在数学推理和语文方面的能力差距比高中成绩的差距小，所以 SAT 应当更多地考察学生的能力，减少课堂内容，从而减少种族差异。[8]

2005 年 3 月起 SAT 实行了新题型，取消了类比，取而代之的是写作。对此，《纽约时报》有 5 篇报道进行了回应。报道中只有一则肯定了这一题型的变化，表示写作能够更好地展现个人能力。如一位考生表示：写作更为公平，"能有机会表达自己的观点，比词汇或其

---

[1] Michael Winerip. Watchdog of Test Industry Faces Economic Extinction [N]. New York Times, 2006-2-22.

[2] Diana J. Schemo. Head of U. of California Seeks To End SAT Use in Admissions [N]. New York Times, 2001-12-17.

[3] 同上。

[4] Diana J. Schemo. College Board Asks Group Not to Post Test Analysis [N]. New York Times, 2005-12-04.

[5] Marek Fuchs. Questions on Education [N]. New York Times, 2007-01-07.

[6] Kate S. Lombardi . County Lines; A Score to Settle Over a Pointless Test [N]. New York Times, 2006-4-9.

[7] Sara Rimer. College Panel Calls for Less Focus on SATs [N]. New York Times, 2008-09-21.

[8] Debra Cafaro. Seeking the Upside [N]. New York Times, 2008-09-13.

他技术性问题更能反映真实的自己"。①而另有 4 篇报道关注的则是这一改革可能带来的问题：对少数族裔（主要是）移民以及母语不是英语的考生不公平；②对非郊区的孩子不利（因为班级人数太多，不能得到很好的写作指导）；③不能公平地预测大学期间是否能够写出好文章；对提高写作和思考能力意义不大。换言之，对于这一改革是否真正意义上提高了考试的公平性的争议一直在继续。

相比之下，《中国日报》仅有 2009 年的一篇文章对高考作文题目进行了报道，指出一些题目对于教育资源匮乏的农村考生或者对题目不熟悉的考生不公平。④

2.2 对残疾人的关注

《纽约时报》涉及残疾人高考问题的报道有 6 篇。在美国，每年考生的 2%由于具有相关证明而获得了照顾（尤其是时间上的）。从报道中，我们可以看到，保障这部分人的权益已经不再是否有资格参加 SAT 的问题，而是对不同身体障碍者的具体应对问题。例如，"给盲人学生布莱叶考试很简单，而我们仍然更为不确定的是考试给多少额外时间能够公平地弥补有阅读障碍的人阅读上的吃力，或对有注意缺失紊乱的学生给出何种照顾才恰当"⑤。

美国对残疾人的相关公平性问题的讨论较复杂、深入，争论很激烈。有维护残疾人权益的组织认为，要求有学习"不能"问题的学生在没有照顾的情况下进行标准化考试是不公平的，因为这无异于"让有身体残疾的儿童在没有轮椅的情况下参加赛跑"⑥。而令一些教育学家担忧的是，越来越多的人寻求特殊照顾，整个标准化考试的理念

---

① Corey Kilgannon. Amid the Usual Nail-Biting, Warming Up to a New SAT [N]. New York Times, 2005-03-13.

② Tamar Lewin. College Board Announces An Overhaul For the SAT [N]. New York Times, 2002-06-28.

③ Charles McGrath. The New SAT; Writing to the Test [N]. New York Times, 2004-11-07.

④ Li Xing. Test topics reflect writing problems [N]. China Daily, 2009-06-11.

⑤ Tamar Lewin. Abuse Feared as SAT Test Changes Disability Policy [N]. New York Times, 2002-07-15.

⑥ Tamar Lewin, In Testing, One Size May Not Fit All [N]. New York Times, 2002-03-18.

可能会面临崩溃。①对于这个敏感话题的讨论焦点主要集中在对"不能"（disability）的界定标准、在何种程度上进行照顾、是否在成绩单上对照顾情况下取得的成绩进行特殊标注这三个方面，而这三个方面所围绕的核心事实是时间上的照顾（通常是 100 到 125 分钟）对考试的分数影响很大。第一，从报道中可以看出，美国所关注的不仅有学生身体上的残疾，而且有对"不能"的理念范围涵盖了所有"学习不能"的情况。②美国对此非常谨慎，不仅要出示相关鉴定证明是否真正影响考试成绩，还得证明在平时的学习中也需要相关照顾。③第二，有关有"不能"的考生需要多少额外时间才能公平地显示自己的能力；就此，会有部门专门从研究正常人与残疾人的分数差别入手。有考试组织担心"不当的照顾会影响考试的公正性"。④第三，2003 年大学委员会在一场官司后，取消了在 SAT 成绩单上对在照顾的情况下取得的成绩进行标注的规定，因为有人提出标注是对残疾人的侮辱和歧视。然而报道显示，这一新的规定依然存在问题，因为有数据表明，"这会为那些认为他们能够通过购买诊断书给自己的孩子争取额外时间来与制度周旋的人打开闸门"⑤。这其中所特指的是来自白人富裕家庭的学生更多地因残疾证明来钻空子，因为他们能够花钱买到诊断书。审计人员发现私立学校比公立学校、白人富裕家庭比其他族群的残疾孩子更多地得到了照顾，从而怀疑存在对"不能"的证明有夸大或伪造的可能；进而关注贫困家庭的孩子出具证明所面临的困难，因为毕竟牵扯到费用问题。⑥因此，这种公平性的讨论，常常与其他社会问题交织在一起，尤其是如何保障贫困阶层的利益。

《中国日报》仅有 2005 年 1 篇有关残疾人的报道，有关残障人士首次在考试条件上得到了照顾，从而能够顺利参加全国统一高考；报道对这一举措进行了赞扬，指出参加高考的机会使他们能够更好地把

① 同上。
② Tamar Lewin. Abuse Feared as SAT Test Changes Disability Policy [N]. New York Times, 2002-07-15.
③ Abigail S. Moore. Accommodations Angst [N]. New York Times, 2010-11-04.
④ 同上。
⑤ Sara Rimer. College Panel Calls for Less Focus on SATs [N]. New York Times, 2008-09-21.
⑥ Abigail S. Moore. Accommodations Angst[N]. New York Times, 2010-11-04.

握未来，也给了中国其他残疾学生希望。①

2.3　对少数族裔的关注

《纽约时报》有 6 篇报道关注到少数族裔，主要是黑人和拉美裔考生的高考。据 2003 年的一篇报道，黑人和拉美裔考生人数大幅度上升②；2009 年的一篇报道指出，白人与非亚裔少数族裔的 SAT 分数差距实际在拉大③；加州大学校长在力倡高校录取时不应再将 SAT 成绩作为要求，强调 SAT 加深了入学机会的不平等④。透过《纽约时报》的另外 3 篇报道可以看到，亚裔虽为少数族裔，但这一群体 SAT 的平均分数上升很快，超过了其他群体（如白人、黑人和拉美裔人），因此，没有被称为弱势群体。美国教育的不公平实际上是种族不平等在教育领域的反映。20 世纪 60 年代联邦政府制定的"肯定性行动"（Affirmative Action）政策，也主要适用于黑人和拉美裔人，这使亚裔并没有因白人的种族歧视而在大学录取中得到任何照顾，反而却要将招生名额让给黑人和拉美裔人，不少亚裔甚至美国人也认为是一种反向歧视。

怎样通过缩小社会差别来缩小分数上的差别、保障弱势群体的权益成为美国高等教育入学考试所关注的一个核心问题。对于其他弱势群体，美国同样不存在考试资格问题；他们的关注焦点是更为实际地帮助他们达到大学录取的标准，着眼点落在 SAT 的分数在各族群之间的差别。正如一篇报道所指出，考试分数看起来钙化了阶层、种族以及父母受教育程度的差别⑤，而公布这类差别的目的是教育公众，使其意识到考试的分数差别以及偏见存在的可能性⑥。而这种差别也

---

① Zhu Zhe. Poor Eyes No Barrier to Entrance Exams [N]. China Daily, 2005-06-07.

② Zhu Zhe. Poor Eyes No Barrier to Entrance Exams [N]. China Daily, 2005-06-07.

③ Walter Kirn. Life, Liberty and the Pursuit of Aptitude [N]. New York Times, 2009-07-01.

④ Diana J. Schemo. College Board Asks Group Not to Post Test Analysis [N]. New York Times, 2005-12-04.

⑤ Michael Winerip. Watchdog of Test Industry Faces Economic Extinction [N]. New York Times, 2006-2-22.

⑥ Diana J. Schemo. College Board Asks Group Not to Post Test Analysis [N]. New York Times, 2005-12-04.

最终被归咎于没有公正地分配教育资源。

2.4 对性别的关注

《纽约时报》有 2 篇报道关注考生的性别问题，因为男女成绩的差距在持续扩大。有趣的是，其性别差距与我国女生具有高考优势相反，女生相对处于劣势。据 2003 年的报道，女生落后男生 43 分之多。[①]而社会对这种差距所导致的后果的担忧与我国有所不同：在录取时使用 SAT 分数线会不利于高校学生的多元化。

《中国日报》2012 年有一篇文章涉及高等教育入学环节的男女性别差异，讨论了在高校招生录取上适当对男生进行照顾的提议。[②]此提议的背景是高考男生表现落后于女生、高校中男生比例较低，而这会对国家的科技创新及国际竞争力有负面影响。但也有人提出，对男女生采用不同标准是一种歧视。

2.5 对家庭背景的关注

考前辅导影响考试成绩，与贫富差距密不可分。《纽约时报》对考前辅导的相关报道有 6 篇之多，并且均为专题报道，减少辅导班所可能造成的不公平的呼声非常强烈。例如报道提出一系列尖锐的问题：SAT 的分数是体现了学生的能力还是所得到的辅导帮助？[③]对花不起钱的人是否公平？[④]这些问题提出的依据是辅导确实能够提高成绩；而富人和穷人的此项花费有天壤之别，因此，这直接影响到 SAT 成绩，因此无疑是关乎公平性的。2006 年一篇报道讽刺说，SAT 所能准确衡量的只是谁能付得起辅导费以及谁能上昂贵的公立或私立学校。[⑤]简言之，对考前辅导的讨论与考试的合理性和公平性以及对弱势群体的关注交织在一起。

---

① Diana M. Schemo. High School Seniors Get Highest SAT Math Scores in 35 Years [N]. New York Times, 2003-08-27.

② Gao Changxin, Wang Hongyi. Bars should be Lowered for Exams, Lawmaker Says[N]. China Daily, 2012-03-09.

③ Julie Bick. The Long (and Sometimes Expensive) Road to the SAT [N]. New York Times, 2006-05-28.

④ Coeli Carr. The Multiple Choices of Prepping for the SAT[N]. New York Times, 2004-10-03.

⑤ Li Xing. Test topics reflect writing problems [N]. China Daily, 2009-06-11.

家庭收入、父母受教育程度影响考试成绩。在社会阶层问题上，有 8 篇文章涉及来自贫困家庭和富裕家庭的学生差别。据 2006 年的一篇报道，SAT 成绩与家庭收入有直接关联：家庭收入每多一万美金，考生的数学和语文的分数合起来会增加 12～31 分。[①]《纽约时报》多次发文，指出这对家境不富裕的学生事实上不公平。SAT 成绩也与父母的受教育程度有一定关联，据 2003 年的一则报道，父母有硕士学历以上的与高中未毕业的相差 272 分。[②]就此，《纽约时报》的报道中也提出了一些具体建议，如：为了减少贫富差距对考试成绩造成的不公平，可限制一年内参加考试的次数；[③]在题目的设计上更多地顾及贫困人群和少数族裔；[④]此外，为减少性别、收入、区域、父母受教育程度等社会差异，甚至有人建议将这些因素融合到 SAT 的分数计算里，目的是切实地提高弱势群体接受高等教育的机会[⑤]。

《中国日报》的报道反映出的贫富差距与公平性关联没有那么高。在我国，参加各种辅导班已经成为普遍的社会现象，社会的关注点主要落在了学生的学习负担方面；而与公平性的关联在《中国日报》基本没有单独成为话题，仅有 1 篇报道在一处间接地一笔带过了考前辅导所涉及的公平性问题，提到了贫困家庭支付不起考前辅导班。[⑥]换言之，考前辅导对高考公平性的影响还没有成为一个关注焦点。

3. 中国对高考公平的关注点

《中国日报》有 14 篇报道（占总数的 30%）明确肯定了高考，指出高考在中国仍然是选拔人才的最为客观、公平的制度，尤其是"当

---

① Michael Winerip. Watchdog of Test Industry Faces Economic Extinction [N]. New York Times, 2006-02-22.

② Michael Bérubé. The Way We Live Now: Testing Handicaps [N]. New York Times, 2003-09-21.

③ Mark Neustadt . The Measures of a Student's Potential [N]. New York Times, 2008-09-27.

④ Debra Cafaro. Seeking the Upside [N]. New York Times, 2008-09-13.

⑤ Michael Bérubé. The Way We Live Now: Testing Handicaps [N]. New York Times, 2003-09-21.

⑥ Wang Hongyi . China Daily Rural Students Can Feel a Class Apart [N]. China Daily, 2011-08-09.

考生数量远远超出高校的录取人数时,录取高分学生的制度对于所有人来说都是相对公平的;而且,高考还是穷人和弱势群体改变命运的有效途径。这固然与《中国日报》的性质有关,但也反映了社会的普遍看法。其对高考公平的关注点集中在如下四个方面。

3.1 对进城务工人员随迁子女考试资格的关注

《中国日报》所关注的主要弱势群体是城市里的农民工子女,有6篇报道涉及这一问题。这个群体面临的首要问题不是分数的问题,而是更为基本的参加考试的平等权利问题。由于户口所在地管理,农民工子女无法就地参加高考。对随迁子女来说,在其他城市参加高考使得高考难上加难。在2009年的一则报道中,据一位随迁子女说,多数人会放弃高考,而选择进职业学校或者直接参加工作。[①]2005年一篇报道指出,户籍制度是阻止农民工子弟取得进入高等院校入学权利的最后障碍,被视为影响其入学机会公平性的主要问题。[②]2011年还有一篇文章也呼吁,国家鼓励地方政府解禁,允许考生在居住地参加考试。

3.2 对地区差异的关注

《中国日报》7篇报道关注城乡差距,有3篇报道关注东西部差距,从报道数量上来看,对城乡差别的关注更为突出,这与我国长期以来形成的城乡二元结构有关。在相关语料中,所凸显的问题是教育资源(educational resource)的分配;与之搭配的词语有:差异(disparity)、差距(gap)、不均(uneven)、不公平(unfair)、缺乏(lack)、有限(limited)、不平衡(unbalanced, imbalance)、不平等(inequality)等。从报道中我们可以看出,这两类差距的主要根源在于教育资源分配不均衡。2009年和2011年的两篇报道中表明,为了减少东西部差异,大力发展这些地区的教育,国家颁布了新的照顾性录取政策,在高考分数以及录取政策上予以更多优惠。[③]

---

① Lin Qi. Growing Ambitions [N]. China Daily, 2009-06-10.

② Zhu Yuan. China Daily, Equal rights to take exams [N]. China Daily, 2005-04-26.

③ Tan, Yingzi. More university spots go to poor [N]. China Daily, 2009-07-17.

　　《纽约时报》所体现出的地域差别则是人文意义上的，即都市郊区与市区和农村地区之间的差别，有 4 篇报道对此有所涉及，其城乡差别恰恰与我国相反。美国都市是指中心城市以及与其有关联的郊区共同组成的区域，其城区和郊区的矛盾与种族问题交织在一起，因为郊区是白人中上层阶级一统天下，而城区则是黑人和少数民族的蜗居之处。据 2003 年的一篇报道，农村地区和大城市考生的 SAT 平均成绩几年来持续落后于市郊的考生，尤其是大都市区的城乡差别。[①]例如一篇报道中指出，郊区的孩子相对于其他孩子，其父母教育水平更高，能负担得起课外辅导和帮助，导致了孩子的起跑线不同。[②]这些都是事实意义上的教育资源，所反映出的本质依然是贫富差别。

3.3　对高考录取名额分配的关注

　　中国高考录取名额分配被认为是当前中国高考制度不公平的集中体现。由于地区间高校办学条件差距较大，录取分数线和重点大学招生名额存在地区差异。我国户籍制度维护下的城乡二元结构的社会经济结构，致使我国城市和农村教育资源配置不平等。在高等教育资源竞争加剧的背景下，各省之间高考录取分数线的差距，以及中央部委高校招生生源计划的地域差异较大，即直属高校在属地投放的招生计划比例较大，导致稀缺的优质高教资源配置的合理性受到质疑和社会上的广泛关注。如 2010 年 7 月刊登的一篇题为《废除与户口有关的高考录取名额》的文章指出："应当是能力而不是出生地决定是否能够上大学。……户口制度使得随迁子女以及农村孩子很难进入大城市上大学。……大学给所在城市提供的录取名额太多，不成比例。……此制度不公平因为其他省份更为优秀的学生没有机会被录取。"还以北京为例给予说明："北京生源比非北京生源的分数低，但录取概率大得多。对北京户口的照顾关系重大，因为北京聚集着许多重点高校。户籍制度也降低了北京的大学的质量，使得第二梯队的大学成为较为

---

　　① Diana M. Schemo. High School Seniors Get Highest SAT Math Scores in 35 Years [N]. New York Times, 2003-08-27.
　　② Ruth Fremson. After the Last Lap, It's Time for SAT Prep [N]. New York Times, 2007-01-24.

平庸的北京生源的倾泻场。"①2011 年还有一篇文章把北京与山东做了对比:"2010 年,北京大学的文科录取的北京生源为 101 人,而山东生源只有 24 人。2010 年,有 300 多名家长上访,要求同等对待非北京户口的考生。"②

异地高考也是由于高考录取名额分配带来的一种不公平现象。早在 2002 年就有报道指出为了在异地参加高考而买房的现象:"海南对于准备参加高考的其他地区的高中生吸引力很大。因为,海南的考生数量较少,而招生名额不少。在北京的一些乡镇,家长如果能够花50 万元买一个两居室的房子,便能够买到户口。"尖锐批评道:"如今,只要家长有钱买房,考生分数低也能进好学校。这对其他考生不公平。接受教育的机会应当对所有学生公平。"③

3.4 对考试作弊的关注

中美高等教育入学考试都有严格的考试规则,从考场纪律到过程监管,都有严格程序。

两份报纸虽然均有涉及考试作弊的报道,但《纽约时报》只有 1 篇,《中国日报》则有 11 篇之多,涉及之多令人震撼。

《中国日报》有 4 篇报道强调根据相关制度对考试作弊行为进行严惩。通过报道可以看到,高考作弊情况较为严重,形式多样,存在利用高科技手段、④贿赂监考人员、利用关系以及教师的配合等各种情况。⑤报道强调,作弊影响了公平原则,而教师的介入更是突破了高考公平性的最后一道防线。⑥通过惩罚手段(如取消考试资格、对考生信用进行记录)以及加强监考力度,强调了相关部门对防治作弊的决心。⑦作弊的猖獗与高考的权重太大不无关系,某些人的铤而走

① Daniel Garst: Abolish hukou-related university admission quotas [N]. China Daily, 2010-07-05.

② Wang Wei: No change to college exam policy as capital waits on ministry plan [N]. China Daily, 2011-03-31.

③ Ma Xiao: Home-buying trend to get into good colleges [N]. China Daily, 2002-08-09.

④ Li Yao. Sellers of Cheating Equipment Arrested [N]. China Daiy, 2011-06-07.

⑤ Zhu Yuan. China Daily, Equal rights to take exams [N]. China Daily, 2005-04-26.

⑥ Come Clean over Cheating [N]. China Daily, 2006-06-03.

⑦ Fair Play for All Students [N]. China Daily, 2006-06-06.

险，对高考的公平性造成了严重威胁，这也部分映射了诚信的缺失。报道的主导理念是通过惩罚来维护公平。

《中国日报》另有 7 篇报道涉及为了取得考试资格或加分机会进行作假的事件和评论，包括如下情况：民族作假；[①]利用职权、使用他人姓名和身份证号参加高考；[②]年级作假，以提前取得考试资格；[③]高考移民。[④]这些报道的一个共性是所涉及的事件均违反了相关法规，有损于考试公平，无可争议地需要严惩。报道中没有挖掘这种机会主义现象的根源，从而多方面寻求解决方案。

《纽约时报》有关作弊的报道有 3 篇。文中体现的作弊形式为考生利用手机短信相互作弊，考后在网上公开题目[⑤]以及替考[⑥]。报道主要介绍了考试安全公司如何通过技术和数据分析手段对试卷进行分析，从而判断是否存在作弊，此做法的理念是为了整体上减少作弊，没有必要抓住每一个作弊的人；由于作弊者即使面对强有力的证据也基本不会承认，因此要重点惩治最为恶劣的案例，忽视边缘案例，通过侦查确保考试公平有效。[⑦]而对于替考的现象，有新规定，要求学生考试时提供照片，同时，考试中心会把考生考试时的照片邮寄回考生所在学校，以加强对替考的防范。[⑧]

4. 对高考改革的期待

《中国日报》和《纽约时报》均有文章提出了对考试进行改革的必要性，都意识到把考试作为高等院校入学主要或唯一标准的弊端，同时都特别强调降低高考分数在高校录取中的权重的必要性。

---

① Rules Equal for All [N]. China Daily, 2009-07-01.

② Power Erodes Justice [N]. China Daily, 2009-05-22.

③ Come Clean Over Cheating [N]. China Daily, 2006-06-03.

④ Ma Lie. Immigrants not Eligible for Exam [N]. China Daily, 2008-05-28.

⑤ Trip Gabriel. Cheaters Find an Adversary in Technology [N]. New York Times, 2010-12-27.

⑥ Jenny Anderson. SAT and ACT to Tighten Rules After Cheating Scandal [N]. China Daily, 2012-03-27.

⑦ Trip Gabriel. Cheaters Find an Adversary in Technology [N]. New York Times, 2010-12-27.

⑧ 同上。

《中国日报》共有 5 篇报道对完全依靠高考分数来录取学生提出疑义，提倡考核方式多样化，倡导学生的自主性，强调培养学生创造力的必要性和想象力重要性。例如，2011 年的一篇文章提到，高考迫使孩子们死记硬背，考什么，学什么，对学习没有发言权。[①]其中，在谈及高校自主招生时，也简短地提到了对高中阶段成绩的考量的必要性。[②]总的来说，关注的焦点应是高考对学生成长的自主性的影响。

《纽约时报》涉及相关议题的有 9 篇之多，多次提到高校录取应当降低 SAT 分数的权重。《纽约时报》在报道中涉及了如下方面：对 SAT 的过分依赖有损于整个教育体系，无益于高校的多元化以及学术质量的平衡；[③]高校录取应当降低 SAT 分数的权重，更多地关注高中阶段的学习；[④]一旦考试判分出现问题，对考生的影响太大。[⑤]甚至有大学校长建议，招生时不再要求有 SAT 成绩，因为对于 SAT 的依赖与美国人对于价值的定义以及机会的分配相悖。[⑥]

5. 结论

《中国日报》和《纽约时报》十多年来关于高考公平的报道，数量之多、内容之集中，反映了两国高考的重要性和社会对高考公平的高度重视，但中美两国社会对高考公平的关注点却明显不同。从关注的领域和内容来看，美国更多关心的是家庭背景、社会差距对考生的影响和在机会公平的情况下，机会能否充分利用的问题，基本上属于过程公平和结果公平的范畴。中国更多关心的是资格的公平（户籍制度、高考录取名额分配）、资源的公平享有（城乡差别）以及高考成

① Flaws in Our Education [N]. China Daily, 2011-11-01.

② Chen Jia. Chinese Government to Reform College Enrolment [N]. China Daily, 2010-11-20.

③ Kate S. Lombardi . County Lines; A Score to Settle Over a Pointless Test [N]. New York Times, 2006-04-09.

④ 同上。

⑤ Michael Winerip. Watchdog of Test Industry Faces Economic Extinction [N]. New York Times, 2006-2-22.

⑥ Diana J. Schemo. Head of U. of California Seeks To End SAT Use in Admissions [N]. New York Times, 2001-12-17.

绩能否得到真实反映（高考作弊），基本上属于机会公平的范畴。这与我们的认识和国家政策是一致的。中国在确定了把促进教育公平作为国家基本教育政策之后，强调"教育公平的关键是机会公平"，[①]反映了我国社会发展的现实水平，也反映了我国切实促进教育公平的务实态度和坚定决心。同时我们也清晰地看到，我国高考在过程公平中存在的大量问题还未引起社会足够重视，必然是下一阶段社会关注的内容。历史并不会简单重复，当今美国社会许多由于社会不公、种族和民族差距导致的高考不公平问题，我国完全可以早加重视，早加防范，同时解决。

《国家中长期教育改革和发展规划纲要》提出："要克服'一考定终生的弊端'，……实行分类考试，综合评价，多元录取"，从中美两国改革高考制度的态度来看，两国的媒体都提出了在高校录取中降低高考和 SAT 分数权重的主张。看来这是一个理论与实践、中国和美国具有高度共识的要求，也是值得着力研究的高考改革取向。

---

① 《国家中长期教育改革和发展规划纲要（2010—2020）》

学校中的缪斯乐园

——构建教育未来的馆校合作研究[①]

The Muse Landin Schools
—the Research on Museum-school Cooperation
toward the Education Future

庄 瑜[②]

摘 要：2015 年，国际博物馆协会（ICOM）在官网上公布了2015 年国际博物馆日的主题为"博物馆致力于社会的可持续发展"。美国、德国、日本、加拿大等重视博物馆教育的国家早已将博物馆融入国民教育之中，博物馆与学校之间的亲密合作，也推动着博物馆教育向前发展。本文尝试从博物馆与学校教育，特别是博物馆与中小学合作的历史发展与现状分析入手，通过五个国内外典型案例的分析与解读，尝试对构建教育未来的我国博物馆与中小学馆校合作进行思考并提出建议。

关键词：博物馆；馆校合作教育

Abstract: International Museum Day theme is proposed by ICOM's network and aims to promote museum issues within society. In 2015, the

---

① 此文发表于《外国中小学教育》2015 年第 12 期。
② 庄瑜，博士，华东师范大学外语学院讲师。

theme is "Museums for a sustainable society". In fact, it is popular internationally to treasure the museum educational activities especially in the developed countries such as US, UK and Germany which regard the museums as the vital resources in the national educational system. This paper presents the history and status of museum-school cooperation and analyzes five typical cases among China and foreign countries. Finally, it makes suggestion for museum-school cooperation toward future in China.

Key words: museum; museum-school cooperated education

一、研究缘起

2015 年，国际博物馆协会（ICOM）在官网上公布了 2015 年国际博物馆日的主题为"博物馆致力于社会的可持续发展"（Museums for a sustainable society）。全球正处于生态环境恶化与政治环境动荡的境况中，作为教育重镇，博物馆不但应担负保护历史文化的责任，更应肩负起通过教育行为塑造一个可持续发展的社会环境的重任，使其成为推动世界和平与社会安稳的催化剂与润滑剂。美国、德国、日本、加拿大等重视博物馆教育的国家早已将博物馆融入国民教育之中，博物馆与学校之间的亲密合作，也推动着博物馆教育向前发展。中国教育部早在 2001 年颁布的《基础教育课程改革纲要（试行）》（教育部，2001）中就已提出学校应广泛利用校外的科技馆、博物馆等社会资源以及丰富的自然资源，积极利用并开发信息化课程资源。2004 年，国务院颁布了《关于进一步加强和改进未成年人思想道德建设的若干意见》（中国政府网，2006），将博物馆定位为"爱国主义教育基地"，对未成年人进行服务。2010 年《国家中长期教育改革和发展规划纲要》（教育部，2010）提及"充分利用社会教育资源，开展各种课外及校外活动"。2014 年，教育部的《完善中华优秀传统文化教育指导纲要》（教育部，2014 年）更是指出："利用学校博物馆、校史馆、图书馆、档案馆等，结合校史、院史、学科史和人物史的挖掘、整理和研究，发挥其独特的文化育人作用。"这些政策的颁布，给予博物馆与中小学合作提供指引与政策保障。但实际上，馆校合作面临着流于表面的困境：除了有较大知名度的博物馆，其他场馆鲜有人问津（马晓龙，2013-07-08）；部分城市开通了学生证免费入馆的政策，有家长拿着一堆学生证来打卡以应付学校的任务；一些学校尝试开展"博物馆教育"课程，只是邀请场馆文教人员带着学生讲解一番即完成了事。面对中国馆校合作存在的问题，本文尝试从博物馆与学校教育，特别是博物馆与中小学合作的历史发展与现状分析入手，通过五个国内外典型案例的分析与解读，尝试对构建教育未来的我国博物馆与中小学馆校合作进行思考并提出建议。

二、博物馆与学校教育

对于教育，有一种分类：程序性教育和非程序性教育。学校教育属于程序性教育，即按照同样的教材、同样的教学目标和方法进行教育。博物馆教育属于非程序性教育，突出受教育者的个体性和多样性。作为社会教育机构，博物馆的主要服务对象是学生，是学校教育的必要补充。美国博物馆教育协会 1984 年出版的《新世纪的博物馆》报告中提到，博物馆要真正成为教育类机构，就必须重视与学校之间的合作；英国国家教育与就业部 1999 年推出了"博物馆和美术馆教育计划"，专门拨款给博物馆，对 65 个服务学校项目进行资助；之后的 2000 年与国家文化传播体育部又联合发表了《博物馆的学习能量：博物馆教育观察》，将博物馆的功能提升至公民意识的培养；2013 年，欧洲委员会成人终身学习委员会专门设立"博物馆学习"网络项目（The learning museum，LEM），网站提供了博物馆及文教人员交流与学习的平台；2014 年，美国博物馆联盟发布《构建教育的未来：博物馆与学习生态系统》白皮书，探讨博物馆在未来与学校进行教育合作的可能。瑞士、日本、澳大利亚等国家也遵循此类合作的原则颁布了相关教育政策。

三、博物馆与中小学合作的历史发展与现状

博物馆与中小学的合作是 20 世纪以来博物馆发展的重要趋势，两者的伙伴关系是不同教育者合作努力的结果，其目的是让学生进行有意义的学习，也让教师和博物馆文教人员从身心上融合在一起。两者的合作关系至今已有 100 多年历史，大致分为萌芽、发展和成熟三个阶段，三个阶段的主要特征及代表形式如下（见表 1）：

表 1　博物馆与中小学合作三个历史时期的主要特征及代表形式

阶段划分	时间范围	主要特征	代表实践形式
萌芽时期	1895—1960 年	博物馆作为教育资源	参观访问/资源出借
发展时期	1960—1980 年	专门性教育服务	融合专门设计的参观访问、博物馆校外服务、专业期刊和机构的建立
成熟时期	1990 年至今	教育成为博物馆核心职能	国家和第三组织的介入、课程合作、教师专业发展支持

中国的馆校合作并不是一个新鲜的话题，早在张謇创立南通博物苑之初，已将其视为"学校之后盾"，本文开始之处也列举了 2001—2014 年各项关于将博物馆资源用于学校教育的政策与指导纲要。由于学校层面因受到传统教育观念和应试教育文化的影响，馆校合作仍然归属于校外教育的逻辑框架，主要存在以下问题：（1）教师不明确如何将博物馆资源融入学校的常规课程中。（2）博物馆与学校之间缺乏沟通的桥梁，通常是各自为政。（3）缺乏专业的机构支持博物馆教育的发展。这些问题多因博物馆和学校处于各自封闭的运行模型造成（宋娴、孙阳，2014：44-47）。以下将列举五个典型的国内外博物馆与中小学馆校合作案例，分别代表五种馆校合作模式，通过分析来探讨不同模式下馆校合作的特征与优势。

四、来自国内外博物馆与中小学馆校合作的经验

（一）案例 1：博物馆主导模式——德国学校@博物馆项目

德国博物馆与中小学的馆校合作基本属于博物馆主导模式，"学校@博物馆"（schule@museum）项目①是由德国艺术教育专业协会、德国联邦博物馆教育委员会、联邦公民教育中心和德国博物馆协会联合发起，历时 8 年，涵盖德国 135 所学校和 180 座博物馆，有 3000 多名学生参与其中。合作分为三个阶段：第一阶段，由博物馆邀请学校教师共同进行活动策划；第二阶段，双方进入对方的场所，了解各自可提供的资源并确定项目的负责人；第三阶段，在博物馆中开展教育活动，馆校双方交换意见，及时改进不足。在教育形式上，突破传统的以讲解为主的模式，通过表演、研究、游戏、手工、绘画等方式鼓励学生积极参与。项目成果展示的方式包括短剧表演、画册、摄影集等。8 年项目结束后，出版了 60 多页的《馆校合作手册》，作为项目反思的报告成果。博物馆主导的博物馆教育项目，注重与学校合作协定，在项目进行中，双方各司其职，按章办事，使项目的开展不会随意而为；项目也重视反思，《馆校合作手册》专门有一章用于评估项目本身的情况，评估类别包括馆校合作的参与度、步骤完成情况、对参与者能力的提高情况、可持续性和公开性等方面；另外，博物馆的社会资源丰富，能联系媒体进行宣传，还可邀请合作企业及相关协会组织、机构出席，使博物馆教育的理念得以传播，营造广泛的社会影响，使学生与家长对博物馆教育更为认可。

---

① 资料来源：德国博物馆协会，http://www.museumsbund.de/de/projekte/archiv/schulemuseum/.

（二）案例 2：大学主导模式——中国香港历史博物馆"香港故事"项目

香港历史博物馆里的"香港故事"为馆内的常设展，展现了香港六千多年的历史发展。陈列方式以实景装置为主，如民居里的陈设、舢板的模型等，甚至还原了 19 世纪维多利亚城中的一条街道实体，展示旧中环的模样，包括当铺、印刷点、茶楼、南北货的小店，等等。参观者更可以尝试坐上电车、拨拨老算盘……香港教育学院于 2001 年为博物馆编制了一套《"香港故事"常设展学生资料举隅》（广州博物馆等，2013：148-150），是为香港中小学生开辟第二课堂用的辅助教材，由香港教育学院和四十位中、小学老师携手合作而成。这套教材不但介绍了"香港故事"八个展区的基本内容，并根据中小学分段设计了了不同的活动主题（见表 2）。此外，自 1998 年香港史纳入香港中学历史课本，香港教育学院与香港历史博物馆一起基于馆内香港史资源开设教师教育课程，并邀请香港史学者做专题讲座，外加室外参观考察，紧扣初中三年的历史课程大纲，为中学历史老师提供了诸多生动的教学资源与手段。大学主导的博物馆教育模式有利于学者、研究资源与博物馆资源的三者融合，一方面大学主导中学教师设计工作纸主题，协助他们从最熟悉的课程内容和最清楚的学生程度入手，并给予研究层面的大局观指导，可收事半功倍之效；另一方面，大学拥有丰富的学者资源与学术前沿的优势，能从理论层面带给中小学教师指导与帮助。

表 2 《"香港故事"常设展学生资料举隅》活动及工作纸①主题（节选）

学生程度	相应的活动及工作纸主题
小学	谁是香港"原居民"？史前居民的生活、香港的民俗、三年零八个月
中学	自然历史、看展览、猜成语、念古诗、生生世世、香港沦陷
小学、中学	读书郎、石头记、陶器之旅、从小文物看大革命

---

① 工作纸，又称为活动纸、游戏纸或学习纸，是香港博物馆最常见的观众互动形式之一。

（三）案例 3：中学主导模式——中国大葆台西汉墓博物馆"中学生历史教学实践课"项目

位于北京市丰台区的北京大葆台西汉墓博物馆是一座建立在汉代王陵遗址上的博物馆，是中国第一个汉代墓葬博物馆，主要展览出土文物和中国历代帝王陵。2004－2007 年，北京大葆台西汉墓博物馆与北京市教育学院丰台分院推出了"中学生历史教学实践课"项目（靳宝，2008：29-35），项目以"体验教育"为切入点，共有丰台区 47 所中学参与其中。中学根据课程标准与教材内容设计博物馆教育内容，设计流程包括"教学准备""博物馆教学"和"延续环节"。"教学准备"中，中学与博物馆商议后编写活动教案；"博物馆教学"中，以中学教师为主，博物馆社教人员为辅，教学内容如由两汉历史典故改编并配以汉代服饰的历史短剧演出、多媒体讲授的书写竹简、现场体验的投壶礼仪以及模拟考古等；"延续环节"中，中学举办摄影和征文活动，以提高师生参与博物馆教学的积极性，并根据教学效果与博物馆商定改进的内容。中学主导的博物馆教育模式，突出博物馆资源与课本知识点的结合，能将博物馆的优势融入学科教育中，且贴合课程标准的需要。多元的教学形式，旨在通过中学的课堂延伸和校外课堂的建设拓展学生知识面，也为学生提供个性发展的机会，培养多元智能和团结协作能力。

（四）案例 4：国家课程导向模式——英国维多利亚与艾尔伯特博物馆的学习资料包

英国维多利亚和阿尔伯特博物馆（Victoria and Albert Museum，简称 V＆A 博物馆），以收藏绘画、雕塑、摄影、时装、珠宝、玻璃以及建筑等闻名于世，设有东方厅、西洋艺术展厅、古代乐器展厅和时装设计展厅等。展览品以欧洲展品居多，也有来自中国、日本、印度等东方国度的展品。V&A 博物馆的展品重点在于艺术史的传播与展示，博物馆专门开发了针对不同学龄层次的学习手册，并与国家课程标准相匹配。在官方网站的"学习中心"（Learning Center）①有针对小学、中学、大学、成人、青年人的博物馆学习资源包可供下载。以中小学的学习资料包为例，上面都会注明相应的英国义务教育阶段的学科及课程指标。例如《中国》对应的是英国 KEY STAGE1-2②的"艺术与设计"和"文学"课程；《珠宝》对应的是 KEY STAGE3-4③的"艺术与技术"课程；《摄影》对应的是 KEY STAGE4-5④的"摄影学"和"艺术与设计"课程；《世界电影之旅——远大前程》对应的是 KEY STAGE3-4 的"英语""戏剧"和"历史"课程；《伊斯兰艺术与设计》对应的是 KEY STAGE1-2 的"数学"课程。国家课程导向的博物馆教育模式，在课程标准的大框架下，将博物馆知识融入学科中，学生的知识构建更具立体化，教师的教授更具延展性，教学资源也可根据博物馆内容的更新而调整，使教学内容与时俱进，并能由始至终地贯彻在青少年的各阶段学习中。此外，博物馆能将馆藏充分使用起来，不再是静态陈列，与教育活动相关联，让馆藏真正"活"起来。

（五）案例 5：第三中介者模式⑤——美国史密森学会教育和博物馆研究中心

美国史密森学会（Smithsonian Institution）是唯一由美国政府资助的半官方性质的第三部门博物馆机构，拥有近 20 座直属博物馆、1 个国家动物园、9 个研究中心和 100 多座附属博物馆。美国史密森学会对"博物馆教育"的定义是博物馆应为学校、学生、孩童服务，并有助于知识的学习与传播。1971 年，史密森学会专门成立了"史密森教育和博物馆研究中心"，作为连接博物馆和学校的第三中介机构，人员囊括了各领域的学者、专家和教育人员，通过网站来联通机构内的各项教育资源和项目。中心拥有超过 2000 种教育优势资源，

---

① 资料来源：英国维多利亚与艾尔伯特博物馆，http://www.vam.ac.uk/page/t/teachers-resources/.
② 英国义务教育阶段的 key stage1 对应 1—2 年级（5—7 岁）；key stage2 对应 3—6 年级（7—11 岁）。
③ 英国义务教育阶段的 key stage3 对应 7—9 年级（11—14 岁）；key stage4 对应 10—11 年级（14—16 岁）。
④ 英国义务教育阶段的 key stage5 对应 12—13 年级（16—18 岁）。
⑤ 第三中介者指的是博物馆与学校以外的第三方机构扮演主导角色。

包括课程规划、虚拟展览、在线展览和视频短片等,目标和内容与州、国家的标准相关。第三中介者的博物馆教育模式特殊,它营造了一个由学会教育工作者、博物馆工作者、学校师生组成的学习共同体,它致力于同伴资源分享和通力合作的原则。史密森学会旗下拥有 19 家博物馆,每一家都独立运作,但教育力量不够集中,通过教育和博物馆研究中心,可将这些资源汇聚在一起,成为中小学校外学习的中坚力量;同时中心的大部分教育活动指标都涉及面向学校教师的延伸活动,因此能做到校内校外教育的"里应外合"(王芳等译,2014:14-15)。

五、构建教育未来的我国博物馆与中小学馆校合作的思考

(一)将博物馆教育纳入国民教育体系

中国的博物馆与中小学合作,更多的是源于上级部门布置的任务,而非自身服务与教育的需求。将博物馆教育纳入国民教育体系,视博物馆资源为课程资源,视博物馆场所为另一种课堂,才能符合学校教育本身的诉求。正如英国 1988 年推行的《国家课程》就明确指出,博物馆要与学科课程连接;澳大利亚博物馆协会发布的《博物馆教育价值声明书》也提出,"澳大利亚的自然与文化遗产应当与《国家课程设计》的教学成果、学习战略相嵌合"(李慧君编译,2012)。华东师范大学附属外国语实验学校正尝试根据课标要求,将教学内容与上海博物馆的资源匹配起来,尝试学科教学中的博物馆教育。

(二)馆校合作中的教师专业发展

早在 1977 年,海因就提出,要鼓励学校教师参与博物馆演示、解说等教育活动,以增进教师的能力(李君,2013:23-24)。馆校合作中的教师专业发展是青少年教育的加速器。2002 年,旧金山探索馆在美国科学基金会的支持下成立非正式教学中心,对非正式科学教育机构与美国 K-12 科学教育的融合进行研究,并向全美万名中小学

教师提供专业发展项目；史密森学会每年也会邀请教师参与讨论，听取意见并参与编写教材；在澳大利亚和新西兰，为了便于老师教学，博物馆还专门为老师印制有关馆内近期活动、讲座的宣传册页。如此双通道的做法可以打破博物馆与学校封闭环境的困境，是博物馆与学校形成紧密的合作关系，为教师的教、学生的学提供资源保障。

（三）博物馆中的"专门教室"

大部分的博物馆既针对成年人也面向青少年，馆藏的陈设方式未必符合青少年的学习习惯。当教师把学生带入博物馆学习，应在展示区授课还是出发前在学校课堂里授课？在展示区授课，会产生内容过深不理解、提示牌太高看不到的情况，因此在博物馆设立"专门教室"，进行一定的馆藏或场景布置，能使学生既身临其境又能还原课堂场景，符合学生学习的规律。美国密尔沃基公立博物馆就设有"美国殖民时代家庭生活"的专门教室，教室是一户殖民时代家庭的日常布置，壁炉前放着几排条凳，供师生学习之用（Burcaw，2014：178-180）；中国国家博物馆教育体验区里也设有教室，学生可以运用不同的书写工具在不同书写材料上场时写下不同时期的文字，切身感受汉字演变背后的原因及汉字所包含的文化底蕴（中国博物馆协会社会教育专业委员会等，2014：2-5）。

（四）博物馆的"到校服务"

鼓励学校"走进"博物馆与促动博物馆"走进"学校同样重要。博物馆主导模式下的馆校合作，就是要充分发挥博物馆拥有的独特资源。"到校服务"的种类大致分为：（1）"移动博物馆"，如澳大利亚南威尔士博物馆于1982年建立的"火车上的博物馆"，跑遍新南威尔士铁路沿线的村镇（王宏钧，2001：12）。这一方式也能帮助解决中国博物馆资源分布不均的问题；（2）"学者驻校"，如史密森学会组织学者走访学校，与师生分享其对艺术的热情，并帮助培育下一代学者，学者的专业能力与学术眼界可有效提升师生对博物馆馆藏及背后知识的认知；（3）"流动的展览"，如西安大明宫考古探索中心，每年五六月份将"青少年考古课堂"带进学校，通过流动展览和课堂讲解，向学生传播历史和考古知识，与移动博物馆有异曲同工之妙，虽然展品有限，但能惠及更多地区的学生；（4）"外借服务"，如意大利《文化遗产和景观法》规定，博物馆的义务之一是向学校提供用于教育教学的资料，如图片资料、影像资料、标本和模型等，切实发挥博物馆的"教育"功能（单霁翔，2011：71）。

中国博物馆与中小学合作的经验正慢慢丰富起来，2015 年，国家文物局与教育部一同颁布了《关于加强文教结合、完善博物馆青少年教育功能的指导意见》（教育部，2015），进一步明确了博物馆资源在国家课程、地方课程与校本课程的使用，并重视结合与学科教学的紧密联系。政府的配套政策也努力为中小学在博物馆开展教育活动提供便利，例如上海中小学生的电子学生证已完全覆盖上海地区的博物馆，学生进门只要刷卡就可免费参观，预计全市有 200 家博物馆、科普中心将依次进入对学生证免费刷卡参观或优惠参观的行列。届时，场馆将覆盖全市各区县，这些学习经历也将"存"入电子学生证内。被称为"缪斯乐园"的博物馆是一个城市甚至一个国家文化底蕴和品位的代表，馆校合作是构建教育未来的重要途径，也为教育资源提供了坚实保障。

参考文献

[1] G. Ellis Burcaw. 新博物馆学手册[M]. 重庆：重庆大学出版社，2011：178-180.

[2] 广州博物馆，等. 博物馆、文化遗产与教育[M]. 北京：中国农业出版社，2013：148-150.

[3] 靳宝. 北京大葆台西汉墓博物馆教育新探索——兼论中学历史实践课与博物馆历史模拟教育实验的互动关系[J]. 博物馆研究，2008（3）：29-35.

[4] 李慧君. 澳大利亚博物馆协会发布《博物馆教育价值声明

书》[EB/OL]．广西壮族自治区博物馆网站，http://www.gxmuseum.cn/, 2012.

[5] 李君．博物馆课程资源的开发与利用研究[M]．长春：东北师范大学出版社，2013：23-24.

[6] 马晓龙．财政补贴博物馆要让公众受益[N]．中国旅游报，2013-07-08.

[7] 单霁翔．从"馆舍天地"走向"大千世界"——关于广义博物馆的思考[M]．天津：天津大学出版社，2011：71.

[8] 宋娴，孙阳．西方馆校合作：演进、现状及启示[J]．全球教育展望，2013（12）：103-111.

[9] 宋娴，孙阳．我国博物馆与学校合作的历史进程[J]．上海教育科研，2014（4）：44-47.

[10] 王芳，等译．为了明天的课程——史密森教育研究[M]．广州：暨南大学出版社，2014：14-15.

[11] 王宏钧．中国博物馆学基础[M]．上海：上海古籍出版社，2001：12.

[12] 郑奕．博物馆教育活动研究[M]．上海：复旦大学出版社，2015：67.

[13] 中国博物馆协会社会教育专业委员会，等．首届"中国博物馆教育项目示范案例"评选优秀案例[M]．北京：科学出版社，2014：2-5.

[14] 德国博物馆协会，http://www.museumsbund.de/de/projekte/archiv/schulemuseum/.

[15] 英国维多利亚与艾尔伯特博物馆，http://www.vam.ac.uk/page/t/teachers-resources/.

[16] 教育部．基础教育课程改革纲要（试行）[EB/OL]中华人民共和国教育部政府门户网，http://www.moe.edu.cn/publicfiles/business/htmlfiles/moe/moe_309/200412/4672.html. 2001-6-8.

[17] 教育部．国家中长期教育改革和发展规划纲要（2010－2020 年）[EB/OL]中华人民共和国教育部政府门户网，

http://www.moe.edu.cn/publicfiles/business/htmlfiles/moe/moe_838/.
201008/93704.html, 2010-07-02.

[18] 教育部. 教育部关于印发《完善中华优秀传统文化教育指导纲要》的通知[EB/OL]中华人民共和国教育部政府门户网, http://www.moe.edu.cn/publicfiles/business/htmlfiles/ moe/s7061/201404/166543.html, 2014-03-26.

[19] 中国政府网. 关于进一步加强和改进未成年人思想道德建设的若干意见[EB/OL]中国政府网, http://www.gov.cn/ztzl/nmg/content_412383.htm, 2006-10-13.

[20] 教育部, 国家文物局. 教育部关于加强文教结合、完善博物馆青少年教育功能的指导意见[EB/OL]中华人民共和国教育部政府门户网, http://www.moe.edu.cn/jyb_xxgk/moe_1777/moe_1779/201509/t20150915_208161.html, 2015.

胡兰畦和中德文化交流①

Hu Lanqi and Sino-German Cultural Exchange

冯晓春

摘　要：胡兰畦是中国现代文学史上有待"钩沉"的女作家，也是中国近现代留德史上仅有的几位女性之一。她曾两赴德国留学，与作家安娜·西格斯等德国名流展开交往，根据亲身经历写成的报告文学作品《在德国女牢中》为她赢得了世界声誉。有鉴于此，本文将她置于中德文化交流的视野之下，讨论她在中德文交流史上的地位和贡献。

关键词：胡兰畦；中德文化交流；《在德国女牢中》；安娜·西格斯

Abstract: Hu Lanqi, one of the few female intellectuals who studied in Germany before 1949, leaves to be further discovered in the history of modern Chinese literature. She went to Germany twice for further education, during which she had deep friendship with some German celebrities such as Anna Seghers, and the best-seller *Arrested in German Prison for Women* won a worldwide reputation for her. Therefore, she will be placed under the vision of cultural exchange between China and Germany in this article, which focuses on her position and contribution in the history of Sino-German cultural relations.

---

① 此文发表于《成都大学学报》社会科学版，2015 年第 2 期。

Key words: Hu Lanqi; Sino-German cultural exchange; *Arrested in German Prison for Women*; Anna Seghers

对中国现代文学史而言，胡兰畦（1901－1994）是一个略显陌生的名字。把她置于中国现代史的大背景下，似乎更为合适：与中共领导人陈毅的"三年之约"，使她的爱情经历顶着"革命+浪漫"的光环；入黄埔军校参与北伐，并在抗日战争期间领导上海战地妇女服务团屡次建功，令她成为中国历史上首位获得少将军衔的女性。她的传奇色彩还不止于此：她参加过第一届苏联作家全国代表大会，受到高尔基盛赞，被称为"一个真正的人"。相形之下，胡兰畦的作家身份则显得有些黯然失色。但事实上，在 20 世纪 30 年代，她是中国文坛大名鼎鼎、炙手可热的报告文学作家，作品曾入选《中国新文学大系（1927－1937）》。而入选《中国新文学大系》被认为是确立作家经典性的关键环节。她先后出版过《在德国女牢中》（1937 年，生活书店）和《在抗战前线》（1937 年，大时代出版社），合著《东线的撤退》（1938 年，生活书店）和《淞沪火线上》（1938 年，汉口生活书店）等。与此同时，她还在《妇女生活》《妇女月刊》《群众》和《时代评论》等多家报刊上发表小说、访谈和战地报导。可见她的作家身份实在不容置疑。

此外，胡兰畦也是中国近现代留德史上少数女性之一，据笔者目前所掌握的资料，她也是唯一一位负笈德国的现代女作家。故此，本文将她置于中德文化交流的视野下，着重考察她的赴德经历，留学期间的交游状况，以及相关的文学创作，旨在探寻这位传奇作家在中德文化交流史上的地位和贡献。

一、两度赴德留学

1901 年农历六月二十二，胡兰畦生于成都一个反清世家。她曾在四川巴县女学和川南师范附小等地任教，其间结识恽代英和陈毅等人，参加过马克思主义研究会，很早就学习过恩格斯的著名论文《家庭、私有制和国家的起源》。作为一个政治上要求进步的知识女性，她曾参加过在上海召开的全国学联第六届学生代表大会，并考入中央军事政治学校武汉分校女生队参加北伐。这一系列事件对她以后的政治选择和人生走向产生了深远影响。

1928 年初，胡兰畦前往江西担任党务学校教务部秘书，在整顿孤儿院和管理妇女教养所方面成就斐然。此时，蒋介石开始下手改组江西省政府，大肆清除异己，胡兰畦因触怒蒋介石遭到驱逐。恰在此时，原江西省政府在省务会议上通过决议：派遣胡兰畦（时任江西省救济院孤儿所兼妇女教养所主任）到欧洲考察社会救济事业（胡兰畦，1995：214）。赴欧期间，她在德国停留的时间远多于其他欧洲国家。不过，她留学德国的初衷和希冀在学术科研上有所建树的留学生们不尽相同。

1929 年 12 月，胡兰畦从上海出发前往欧洲，除夕抵达巴黎，短暂停留后于 1930 年初到达柏林。她在中国留德学生会的帮助下补习德语，随后开始每天在柏林大学①德文班上课。在此期间，她开始深入了解中国共产党，并通过廖承志和成仿吾的介绍加入"德国共产党中国语言组"。继续学业之余，她定期参加党组会，学习德语原版《共产党宣言》，参与出版柏林小组的宣传刊物《赤光》。她在柏林与宋庆龄和何香凝等知名人士结交，并建立了私人友谊。1931 年 7 月，胡兰畦陪同宋庆龄回国奔丧，第一次留德经历暂时告一段落。

三个月后，在宋庆龄的资助下，胡兰畦重新踏上了留学德国的旅程。她于"九一八"事变一个月后启程，而她二度赴德留学也与"抗日"密切相关。她号召留德爱国学生成立党小组外围组织"旅德华侨反帝同盟"，被推选为主席。这个团体中有后来著名的歌德作品翻译家刘思慕等人。"同盟"出版《反帝》和《道德经》等刊物，宣传反帝、反法西斯和抗日救国思想，在留德学生中激起强烈反响。1932

---

① 胡兰畦所指的柏林大学，是柏林洪堡大学。柏林洪堡大学"成立于 1810 年，前身是柏林大学，第二次世界大战结束后改名为洪堡大学。……学术大师陈寅恪，俞大维，历史学家傅斯年……中国当代传奇女杰胡兰畦等先后就读于此。"参见王学军，周鸿图主编. 欧洲留学生手记：德国卷 [M]. 上海：东华大学出版社，2004：280。

年12月，胡兰畦参加了德国共产党在柏林召开的反法西斯大会，并在会上慷慨陈词，结果遭纳粹党便衣侦探拘留。虽然她当晚就被释放，但在当时法西斯化日益严重的德国留下"记录"，从此成为纳粹的监视对象。1933年春，她与德共中央机关报《红旗日报》成员费慈·新田等人一同被捕，被关押在德国柏林监狱里长达三个月之久。由于宋庆龄和鲁迅等在上海以民权保障大联盟的名义向德国领事馆提出严正抗议，她终于得以结束这场牢狱之灾。但她不久后便收到德国法西斯当局的驱逐令，被迫于一周内离开德国。从此，她辗转流落英、法和苏联等国，第二次留学经历即告结束。

胡兰畦起初以考察欧洲社会救济事业为目的前往德国，但从她所写的《回忆录》来看，似乎并未达到预期目标。而与同在洪堡大学求学的陈寅恪和宗白华等留学生相比，胡兰畦显然把革命活动的重要性置于学术之上。她热情投入反法西斯活动，结果陷入一场以"敌视德国"为名的无妄之灾。但这次遭遇使她更真切地了解了德国底层社会的生活状况，并目睹了德国普通人反抗法西斯的行动。这些感受和体验日后成为她文学创作的重要素材，也是一笔宝贵的精神财富。

二、旅德交游情况

胡兰畦旅德三年多，其间结识了一批德国政界和文学界的名流。因参与政治活动的缘故，她与德共领导人、作家和普通党员的接触和交往颇值得一提，这是中德文化交流史中的重要一页。

旅德期间，胡兰畦和德共著名领导人克拉拉·蔡特金先后有两次会面（黄桂昌，1983：34）。首次会面时间是1932年8月，当时胡兰畦聆听了蔡特金在国会发表的演说。四个月后，她因参与反法西斯活动遭到德国当局驱逐，于是前往国会大厦寻找德共党员玛利亚·爱塞商讨对策，巧遇蔡特金。在胡兰畦眼中，这位令人景仰的世界被压迫妇女的领袖是一位和蔼可亲的老太太。她不但对胡兰畦的反法西斯演说颇为欣赏，还鼓励她不要被德国当局的迫害吓退，同时询问了中国抗日斗争的进展，对中国妇女参加革命的情况表示关切。这一切给胡兰畦带来了莫大的安慰和鼓励。

1933 年，当克拉拉·蔡特金在莫斯科逝世的消息传来，胡兰畦正被羁押在德国女牢中。她参与了狱中悼念蔡特金逝世的活动，借机向警察总局抗议示威。当时女牢中的进步人士还以全体名义发出了一份吊唁的电报，沉痛悼念这位德共妇女领袖。

尽管胡兰畦与蔡特金仅有几面之缘，交往十分有限，但这位德共妇女领袖的一言一行和殷切鼓励却对年轻的胡兰畦产生了深刻影响。以至到了晚年，她在回忆录中谈起与蔡特金的会见，还清楚记得个中细节，可谓往事历历。

作为"德共中国语言组"成员，胡兰畦认识了不少德国共产党员。《胡兰畦回忆录（1901－1994）》前页附有她与"德国战友"雷曼摄于1933 年的合影。当时，胡兰畦已被驱逐出德国，辗转流落英国，而雷曼此时恰好也在英国。通过胡兰畦的回忆和描述，我们大体可以了解到：雷曼是犹太人，著名的马克思主义者，当时为德国《红旗报》工作（胡兰畦，1995：270-271）。《红旗报》其实是德共中央机关报。雷曼与友人协助留英华侨反帝联盟组织发起了一次反对帝国主义战争的大会，胡兰畦也参与其中。共同的目标和信仰使胡兰畦和雷曼成为亲密战友，并结下终生友谊。

1991 年，已成为国际金融理论家的雷曼在柏林某次国际会议上通过北京出版社工作人员了解到胡兰畦的近况，立刻给她写信，表示要来中国看望她。一年后，86 岁高龄的雷曼携女儿赶往成都，探访91 岁高龄的胡兰畦（胡启伟、贾昭衡，1996：29）。跨越半个多世纪的中德友情因为重逢得到延续。

在胡兰畦与众多德国友人的交往中，最为人津津乐道的是她与作家安娜·西格斯（Anna Seghers）的友谊。《胡兰畦回忆录（1901－1994）》一书的内封面上，不但有她与安娜·西格斯摄于1932 年的亲密合影，还有她与西格斯三个女儿的合照，足见两人私交甚笃。

安娜·西格斯原名纳蒂·赖林（Netty Reiling），1900 年生于德国美因茨的一个犹太富商家庭。她对中国抱有浓厚兴趣，在海德堡大学求学期间曾选修过著名汉学家弗里特利希·恩斯特·克劳塞的多门课程（弗朗克·瓦格纳，1987：77）。她于 1925 年开始文学创作，1928年，她加入德国共产党，同年加入无产阶级革命作家联盟，两年后参加了在苏联召开的国际革命作家联合会第二届代表大会。1933 年希特勒上台后，她的作品被列为禁书遭到焚毁，本人被迫流亡法国和墨西哥等地。1947 年，安娜·西格斯回到民主德国，长期担任作家协会主席并三次荣获民主德国最高文学奖——国家奖。她因《第七个十字架》和《死者青春常在》等长篇小说扬名国际文坛，其作品坚持反法西斯信念，表达对普通人命运的深切关怀。她的作品具有国际主义视野，关注世界各国的革命形势，同情受战火蹂躏的世界人民。这为她关注中国革命，结交中国作家提供了契机。安娜·西格斯与胡兰畦的私人交往和文学合作，正是发生在这样的背景之下。1932 年 5 月 1日，两人合作完成的通讯《杨树浦的五一节》发表于德共刊物《红旗》（吴晓樵，2008：42）。有学者考证，西格斯《来自我工作室的简报》（*Kleiner Bericht aus meiner Werkstatt*，1932）中出现的中国女士 L.，就是胡兰畦（吴晓樵，2001：57）。《来自我工作室的简报》以作者与一位中国女友的谈话为主要表现形式，探讨描写"五一节在上海发生的事件"，目的在于讨论如何使报告文学写作反映人物与生活环境的关系，以及如实描写生活环境的问题（弗朗克·瓦格纳，1987：79）。1933 年，西格斯在《红旗》上发表的《重山》，由胡兰畦提供素材。她甚至计划以中国女作家 Schü Kreung 的经历创作一部长篇，后计划因故搁浅（吴晓樵，2008：42）。西格斯此后还发表过小说《第一步》（*Der erste Schritt*，1953），其中有一节塑造了一位中国女性——"来自西泸的兰畦"（Lansi aus She-Lu）。[1]小说以国际知识分子保卫和平大会为背景，与会代表每晚相聚一堂，讲述自己迈上保卫和平道路的"第一步"。来自中国的代表兰畦（音译）讲述了幼年看到一个搬运工

---

① 据吴晓樵考证，胡兰畦曾化名徐茵（Schü-Yin），而西格斯留下的文字中对胡兰畦的名字有多种记载，包括 L., Schü-Yin, Shui Kreng, Shui-Kiang 和 Lansi 等。不过，在《胡兰畦回忆录（1901－1994）》中，作者并未提及化名的情况。

因负重过大摔倒，被人拖走的情景。不过要注意的是，西格斯只是借用了一个与"兰畦"发音相近的姓名。因为实际情况是：胡兰畦当时在江西开办农垦场，并没有参加 1948 年在波兰举行的此次大会。①也许是胡兰畦给西格斯留下的印象十分深刻，所以后者在很多作品中塑造的中国知识女性或革命者，总是与前者有些联系。同样，西格斯在《失踪的儿子》《战友们》和《死者青春常在》等多部作品中，表现出对中国革命的持续关注。

胡兰畦与安娜·西格斯的交往并没有随着两人先后离开德国而画上句号。1950 年 9 月至 10 月期间，西格斯曾以民主德国作协代表的身份访问中国并参加国庆观礼。据中国社科院世界历史所杜文棠教授考证，西格斯在北京逗留期间曾与胡兰畦见面。由于当时特殊的政治气氛，胡兰畦事后受到了批评。②不过，她的回忆录里没有记载此事。

1994 年，《第七个十字架》的中文译者李士勋受德国安娜·西格斯研究专家弗朗克·瓦格纳委托，前往成都拜访胡兰畦，并转赠印有胡兰畦与西格斯合影的《安娜·西格斯画传》③（*Anna Seghers. Mit 60 Abbildungen*，1994）。扉页上题有一行德语："赠给胡兰畦：我们的安娜·西格斯的传奇般的和十分可敬、十分英勇的朋友——您的德国的钦佩者爱蒂特和弗朗克·瓦格纳。"（胡启伟、贾昭衡，1996：26）此时距离西格斯去世已经十多年，可《安娜·西格斯画传》却以图文并茂的方式，见证了中德作家之间的合作与交往。

胡兰畦旅德三年间，与多名德共党员交往颇深，与德国普通人也结下了深厚情谊，尤其是她与安娜·西格斯在文学上的合作，堪称中德文学交流史上的一段佳话。据现有资料表明，两人之间的文学合作似乎更多地由胡兰畦提供素材，而西格斯据此创作。但我们不能完全

---

① 根据西格斯作品中译者之一叶君健的回忆，他与西格斯一同参加了 1948 年在波兰举行的国际知识分子保卫和平大会，每晚相聚谈论。参见［德国］弗朗克·瓦格纳著，吕一旭译，严宝瑜校：《安娜·西格斯与中国》，1987 年第 89 页脚注一。

② 依据杜文棠《中国当代传奇女杰——胡兰畦》。但笔者仅在读秀上看到 TXT 文档，该文的实际出版来源未能查找到，故此说明。

③ 根据胡启伟、贾昭衡的《胡兰畦和她的德国朋友》一文，1993 年，"安娜·西格斯协会"副会长弗朗克·瓦格纳教授与西格斯的女儿在合编《安娜·西格斯画传》时，发现了胡兰畦与西格斯及其女儿的合影，且在胡兰畦与西格斯合影的背面写有"胡兰畦"三个草书汉字。

忽略西格斯对胡兰畦的文学影响。回到中国后，尽管胡兰畦将更多的时间和精力投入抗战和革命中，但她在火线下写下大量战地通讯报道，还出版了纪实报告文学《在德国女牢中》。从某种意义上说，这些成果与两人早期合作中对报告文学写作的探索和尝试是分不开的。

三、畅销书《在德国女牢中》

胡兰畦之所以在 30 年代的中国文坛一朝扬名，得益于她的自传性作品《在德国女牢中》。这部作品围绕她留德期间被羁押的遭遇而展开。她因参与反法西斯活动引起德国当局的敌视，1932 年冬遭德国警察局拘留。次年春天，她被逮捕并关押在柏林女牢长达三个月。因宋庆龄和鲁迅等人的声援（参见前文），她最终获释，但随后又被驱逐出德国，被迫流亡英法等国。居留法国期间，她着手撰文回忆狱中经历，并将部分内容寄往《世界报》。稿件得到报社主编、法国作家巴比塞等人的赞誉，不但陆续在《世界报》上连载刊出，还被翻译成俄、英、德和法语等多国文字，在欧洲范围引起广泛反响。回国后，胡兰畦在《妇女生活》上连载发表《在德国女牢中》，并在《妇女生活》主编沈兹九的支持下将作品以单行本付梓出版。这本书在初版后的半年之内，又再版三次（胡兰畦，1995：702）。可见它颇受读者欢迎，是名副其实的畅销书。

《在德国女牢中》从胡兰畦因"敌视德国"的莫须有罪被投入巡警总监（后被转移至柏林女牢）开始讲起，主要讲述她的狱中遭遇，是一部反映她"切身感受的实录"（胡兰畦，1995：703）。胡兰畦在狱中从容乐观，想尽办法维持体力继续抗争，并得到异国狱友们的宽慰鼓励：有人向她提供营养品，众人为她在狱中庆祝生日。胡兰畦甚至在狱中烹饪中国佳肴大获青睐，因能言善辩得到女狱卒的友情，得到允许做打扫的工作，利用工作之便帮狱友传递消息。狱友们通过抗议争取权利，看书订报、开体育会、学习理论、关注时事。女牢的特殊环境使胡兰畦有机会了解德国底层妇女（如土娟）的悲惨生活，德国女性在就业和择偶方面的困扰等。她通过阅读书报，了解当时德国纳粹的政治宣传和排外举动，包括种族问题、工会斗争、失业问题和纳粹党伪善的宣传政策等。

这部仅一百多页的小书出版后引起了巨大反响。细看原文，故事情节并不离奇，语言并不华丽，但这位中国女性流落异国身陷囹圄仍然不屈不挠的故事，本身充满了传奇色彩，是无法复制的个人经验。作品反映出的反法西斯主题和国际主义精神激起了中国读者的情感共鸣。

胡兰畦在书中阐明了出版意图：

> "在旅欧的生活中，有很多事是值得写出来，但是没有比在牢狱里的生活更有价值。因为在牢狱里，我所得到的，可宝贵的伟大的教训，不是在一般的情况中所能得来的！
>
> 被压迫的姐妹们！要得到真正的同情与爱抚，只有在革命的队伍里！这是我先写这个生活片段的一点意思。"
>
> （胡兰畦，1937：1）

这种热情洋溢的号召并不是苍白的标语和口号。在国内反法西斯浪潮日渐成为宏大主题的现实语境下，亲历遭遇后的言说比任何虚构和矫饰更具说服力。《在德国女牢中》之所以获得广大读者青睐，应该还和作者求真务实的态度有关。胡兰畦没有为迎合市场而夸大事实，没有将德国女牢描述成灭绝人性和骇人听闻的集中营，而是如实讲述了各种狱中见闻。她甚至在出版时特意作引，对原文与转载可能存在出入的问题一一做了说明，可见其创作态度严谨审慎（胡兰畦，1937：1）。尽管作者自谦此书有"许多不满意的地方，更不敢说这是一部文艺作品"（胡兰畦，1995：853），但这部纪实作品引起的旷日持久的反响，验证了它的文学价值和思想价值。

客观地讲，以今天的眼光重新审视这部作品，它的史料价值要远远高于美学价值。胡兰畦对旅德经历和特殊遭遇的书写，体现了她对20世纪30年代德国现状的观察和反思，这一"他者"视角下的纪实性作品，对于全面透析 20 世纪德国历史，提供了一段新鲜而有价值的史料。同样，它对于研究中国民主主义革命史也是不可多得的文献和材料。

四、结语

胡兰畦先后两次赴德，在德国居留三年，尽管未能实现留学的初衷，却有意外的收获：她凭借语言优势，翻译过一些德语书籍。在"整风"与"反右"斗争中，她被下放接受劳动改造。在物质贫乏和精神苦闷的情况下，她挤出时间翻译了一本反映德国幼儿园生活的书，希望介绍和推广德国的幼儿教育经验（胡兰畦，1995：640）。另据协助她记录、整理并出版回忆录的作者范奇龙回忆，胡兰畦曾提及旅德期间阅读过德国和北欧童话作品一事。格林兄弟和豪夫等童话大师的创作对她触动颇深，促使她产生了将德国童话译介到中国的念头。于是她重新阅读德语原版童话，择优翻译，并译出多本。可惜"文革"中她的译稿和原版书都被抄走（胡兰畦，1995：693-694）。此外，她从德国带回相当数量的德语原版书，可惜这些藏书在历次运动中无法幸免于难。如果没有这些变故，胡兰畦也许可对德语文学译介和中德文化交流做出更大的贡献。

回溯中国留德学人史，可谓群星闪耀，人才辈出。蔡元培、陈寅恪、冯至、乔冠华、朱德、王光祈、李国豪和周培源等都是标志性人物，他们后来在军事、学术、经济和政治等领域颇有建树。但令人遗憾的是，相比之下留学德国的中国女性却屈指可数。参照《清末至 1949 年以前中国留德学人史略》"女子留德"一章，总共不过十数人（叶隽，2006：749）。在此种意义下，胡兰畦两度赴德，她与安娜·西格斯等文化界名人的交游，蜚声海内外的作品《在德国女牢中》和她为翻译德国书籍所做出的种种努力，意义不可谓不大。就中德文化关系史而言，这位传奇作家，应该占有一席之地。

参考文献

[1] 胡兰畦. 胡兰畦回忆录（1901－1994）[M]. 成都：四川人民出版社，1995.

[2] 黄桂昌. 访《在德国女牢中》的作者胡兰畦[J]. 妇女杂志，1983（12）：34-35.

[3] 胡启伟，贾昭衡. 胡兰畦和她的德国朋友[J]. 大江南北，1996（3）：26-29.（注：胡启伟是胡兰畦的儿子）

[4] [德国]弗朗克·瓦格纳. 安娜·西格斯与中国[J]. 吕一旭译，严宝瑜校，国外文学，1987（1）：76-91.

[5] 吴晓樵. 安娜·西格斯与胡兰畦[A]. 吴晓樵. 中德文学因缘[C]. 上海：上海外语教育出版社，2008.

[6] 吴晓樵. 安娜·西格斯——中国人民的朋友[J]. 德国研究，2001（2）：55-57.

[7] 胡兰畦. 在德国女牢中[M]. 上海：生活书店，1937.

[8] 叶隽. 清末至1949年以前中国留德学人史略[A]. 万明坤，汤卫城. 旅德追忆：二十世纪几代中国留德学者回忆录[C]. 北京：商务印书馆，2006.

多模态语篇分析视角下《明镜周刊》封面中欧元形象的图文建构①

The Construction of Euro Image Based on the Front Cover of the Magzin *Der Spiegel* from the Perspective of Multimodal Discourse Analysis

张莉芬

摘　要：欧元危机现已渐淡出社会话语，但欧洲还没有真正走出危机，近期欧元又持续贬值，前景不容乐观。然而，欧元也还未如危机严重时媒体所渲染的那样走向集体破产和毁灭。回顾 2010 年到 2012 年危机最严重时期《明镜周刊》的封面，对于欧元危机报道时所采用的封面图片，以欧元为主题的报道多达 13 期。这 13 期封面中欧元形象的塑造和表现多种多样。本文采用多模态语篇分析方法，揭示这些封面图片中的欧元形象以及此欧元形象是如何通过图像和语言塑造而成的。

关键词：欧元形象；《明镜周刊》；多模态图文分析

Abstract: The Euro Crisis has already faded out the social discourse, but Europe still hasn't managed to step out of it. Recently, euro continues to depreciate and its prospect is by no means optimistic. However, the

---

① 此文发表于《德语人文研究》2015 年第 1 期。

currency is not heading toward a massive bankruptcy and destruction as the media said when the crisis was the most severe. This study reviews the cover pages of *Der Spiegel* from 2010 to 2012, of which 13 issues were dedicated to the Euro Crisis. These covers presented various images of euro in different expressive manners. This paper adopts a multimodal discourse approach to analyze these cover images of euro and attempt to reveal how they were formed through pictures and words.

Key words: euro image; *Der Spiegel*; multimodal visual-verbal analysis

一、导论

欧元危机爆发至今已是第五个年头。虽然，这一话题近年来逐渐淡出社会话语，但其实整个欧洲直到现在还未真正从中走出来。近期欧元持续贬值，对美元汇率自 2014 年 5 月以来持续走低，在 2015 年 3 月甚至跌到 1 欧元仅兑换 1.05 美元，而在 2008 年的最好时期 1 欧元可以兑换 1.58 美元。欧元的贬值使得人们再一次对于欧元崩溃的担心再度变重，Senti 机构根据投资问卷做出的欧元区解体指数（Euro-Break-up-Index）在 2015 年初已攀升至 2013 年 8 月以来的最高值，接近 20%，这说明欧元区国家之间的矛盾冲突正不断激化。希腊作为危机的重灾区，关于其退出欧元区，乃至退出欧盟的猜测随着欧元的贬值又再度兴起（Eckert & Zschäpitz，2015）。然而，希腊退出欧元区所带来的严重后果是不可估量的，根据明镜周刊的推测，希腊的退出对德国来说不仅仅意味着之前投入援救的 1600 亿欧元打了水漂，更会剧烈冲击金融市场和各大产业，造成经济衰退，从而引起整个欧洲政局和社会的动荡（Spiegel，2015）。

在危机爆发初期的 2010 年到 2012 年间，全社会都对欧元给予了高度重视。对欧元危机的报道、对如何走出危机的讨论以及对于危机影响的预测不仅仅是政治家、经济学家激烈分析、探讨的话题，也是新闻媒体报道的重点。德国权威媒体《明镜周刊》在 2010 年到 2012 年两年的时间内，以欧元危机为封面主题的报道多达 13 期。这 13 期周刊的封面都以欧元危机作为主题，表现的形式却多种多样，各不相同。本文将通过对这 13 期封面的多模态图文分析，阐释欧元在其中被塑造成了怎样的形象；而这个形象又是怎样通过图像和语言塑造而成的。

欧元危机始于 2009 年末到 2010 年初：希腊公开了一直掩藏的巨额财政赤字，并向欧盟和国际货币基金组织提交了救援申请，这成为欧元危机爆发的导火索。继希腊之后，爱尔兰、葡萄牙、塞浦路斯以及西班牙等国也相继陷入国债危机。意大利和斯洛文尼亚虽然相较之下问题没有那么严重，但也很难在资本市场上筹集到贷款，因而也被列入危机国家。经过多次资金援助，虽然阻止了希腊、爱尔兰以及葡萄牙等国陷入国家破产的绝境，但是如上文所述，欧元危机直到现在还没有完全被克服。下面的 13 幅封面图片就是在这样的背景下产生的。具体封面小图、标题、出版日期和刊数详见表 1。

表 1　13 幅封面图片详情

编号	封面	标题	日期	刊数
T1		**Die Euro-Lüge** „Ein Mitgliedstaat haftet nicht für die Verbindlichkeiten eines anderen Mitgliedstaates.“ EU-Vertrag von Lissabon, Artikel 125(1)	2010-03-08	2010/10
T2		**Euroland, abgebrannt** Ein Kontinent auf dem Weg in die Pleite	2010-05-03	2010/18

续表

编号	封面	标题	日期	刊数
T3		**Die Schuldenfalle** Wie viel Griechenland können wir uns noch leisten?	2010-05-10	2010/19
T4		**Das letzte Gefecht** Wie Europa seine Währung ruiniert	2010-12-06	2010/49
T5		**Plötzlich und erwartet** Nachruf auf eine gemeinsame Währung	2011-06-20	2011/25
T6		**Geht die Welt bankrott?** US-Verschuldung, Eurokrise, Börsenchaos	2011-08-08	2011/32
T7		**Ge lduntergang** Die zerstörerische Macht der Finanzmärkte	2011-08-22	2011/34

编号	封面	标题	日期	刊数
T8		**Die Geldbombe** Wie aus einer großen Idee eine Gefahr für Europa werden konnte	2011-09-26	2011/39
T9		**Und jetzt?**	2011-11-28	2011/48
T10		**Geld regiert die Welt** ... und wer regiert das Geld? Eine Expedition in die Machtzentren der Finanzmärkte	2011-12-12	2011/50
T11		**Akropolis Adieu!** Warum Griechenland jetzt Euro verlassen muss	2012-05-14	2012/20
T12		**Wenn der Euro zerbricht** Ein Szenario	2012-06-25	2012/26

续表

编号	封面	标题	日期	刊数
T13		**Vorsicht, Inflation!** Die schleichende Enteignung der Deutschen	2012-10-08	2012/41

通过这个表格可以很清楚地看到，大部分以欧元危机为主题的封面选材都直接采用了欧元货币的具象表现形式：其中八幅展示的是欧元硬币，或是将欧元硬币作为图片的重要组成部分；而 2011 年第 32 期的 T6 号封面则是选用了欧元和美元纸币作为封面图片的题材。其余四幅图片标题中提到了"Geld（钱）""Pleite（破产）"以及"Schulden（债务）"等字眼，但在图画上却没有直接体现出来。

二、理论及方法论基础

刊登在杂志封面页上的封面图片，一般情况下是对当期杂志主打篇目的图片表现。封面图片具有吸引读者注意力、引起读者购买兴趣的功能。因此，封面图片和同属于多模态图文的广告具有类似的功能。

所谓多模态是指多种符号系统融合为一个整体的建构模式。语言系统和图片系统可以共同构建多模态图文文本。同时，多模态性也指在不同符号系统之间进行意义转换的认知行为模式（Stöckl u.a.，2015：43）。因此，不论是创作还是理解多模态图文文本都要求有多模态图文能力，即将不同的符号系统融合为一个语法、词法均通顺的功能整体（Stöckl u.a.，2015：46f）。

多模态语篇不仅仅包括多模态图文文本，而且可以以多种多样的模态形式出现。例如，多模态广播文本就是融合了语言、声音或者音乐的多模态文本，而视频文件则是最大限度地融合了语言的口头表达形式和书面表达形式，图像的动态和静态表达形式以及音乐、声音，构成了一个复杂的多模态文本。

自索绪尔（1857－1913）开始，人们就已经认识到符号系统的多样性，人际互动交流并不只单纯通过语言文字系统进行。然而，多模态语篇研究的理论与方法论建构是近几十年才开始发展起来的，其原因正如韩礼德（Halliday，1985）指出的一样：自从录音、录像技术广泛成熟地应用以后，对于真实交际语料的分析才成为可能。回顾20世纪六七十年代的语言学发展过程，技术的深远影响清晰可见。20世纪90年代，在Halliday系统功能语言学理论的基础之上，语言学家开始进行各种符号模态的理论框架建构，如克雷斯与凡·列文（Kress & van Leeuwen，1996）的视觉符号学，马丁内克（Martinec，1998）的动作符号学，凡·列文（van Leeuwen，1999）的声音符号学等。而德语语言学界中，耶格（Jäger，2002）和施多克（Stöckl，2004）的研究理论影响最为深远。

多模态性看似复杂，实际上我们的日常生活中处处都存在着多模态语篇。多模态图文文本中，图片本身一般不会单独出现，而总是有语言补充。即便是画作，也会有相应的标题或者作者生平等文字信息相伴；演奏的音乐是以作曲家写下来的曲谱为基础的；而许多文学作品都被拍成了电影或者改编成戏剧搬上了舞台。也就是说，多模态实际上是交际的自然状态，也是必然的状态。基于这一事实，Jäger提出了转换必然性理论，指出由于单个符号系统的局限性，多模态性是必然的、不可避免的。也就是说，各个符号系统之间的意义转换是无时无刻不在进行着的（Jäger，2002：19-41）。

单个符号系统的局限性造成了每种符号系统都有其强项和弱点。图片作为一种符号系统，其与语言系统在形式、感知、语义以及语用上都有着明显的区别。Stöckl比较了图片与语言两种符号系统，将图片的特点总结为以下五点（Stöckl u.a.，2011：46f）。

（1）图片强调表现形式上的直观性。

（2）与语言不同，图片不具备明确系统的语法规则。因此，图片的含义较难阐释为单一的明确意义。

（3）图片容易为感官更快地感知。

（4）图片属于语义密集型符号系统。接受者不仅关注其内容，还感知其形式上的细节，如颜色、线条等。因此，图片不适用于表现具有明确单一意义的言语行为。

（5）图片适用于表现视觉效果和展示特征较多的客体，例如空间和情境等。

这里需要指出的是，虽然上述对比是以语言系统为标准的，但这并不意味着语言系统是一个没有弱点的符号系统。例如，人们就很难用语言准确地描述嗅觉体验和味觉体验。然而，正是因为语言系统和图片系统各有强项和局限性，才产生了多模态图文文本中两个符号系统相互的限定和补充。

本文的分析以 Stöckl 提出的分析模型为依据，将图文文本的分析理解划分为四个步骤：（1）明确语境；（2）图片成分构造与融合分析；（3）明确内容含义；（4）图文融合分析。这个四步分析模型是 Stöckl 在分析广告文本的基础上提炼而成的，但他认为此模型完全可以普遍推广用于分析其他多模态文本。由此，本文的另一个目标还在于检验该分析模型的普遍适用性（Stöckl u.a.，2011：45-70）。

三、分析

Stöckl 的分析模型也是建立在转化必然性理论基础上的，而在本文的分析中，这个必然性理论也得到了证实，因为这些封面图片都同标题紧密相连，并且不能独立于杂志封面之外。下面对这 13 幅封面图片逐步进行分析。

第一步需明确封面图片的目的以及它的功能。这 13 幅封面图片从排版上来看具备杂志封面的典型外部特征：标题多位于上方，并且是醒目的粗体、大写字体（Gieszinger，2000：85-209）。虽然在封面图片 T3 中，标题融入了图片，以及在图片 T10 中标题位于图片下方，但标题的醒目程度并没有受到影响。封面图片基本都位于封面中间的白框内部，并且大小几乎占满整张封面。这样的大小使得读者在较远的地方就能看见封面图片，从而达到吸引其注意力的目的。有的封面图片还具有 3D 立体效果，图片 T2 和 T13 中，甚至看起来像图中的火柴盒伸到了框外，以及融化的硬币"流"了下来。通过这种视觉冲击可以更好地达到吸引读者注意、引起读者阅读兴趣的目的。

在明确了封面图片的目的和功能之后，分析的第二步重点在于观察图片细节，并阐释其意义。也就是说，在这个分析步骤中，考察的重点是图片的复杂程度和审美质量。前面已提到过，有 8 幅图片用欧元硬币（T1、T4、T5、T8、T9、T11、T12、T13）和一幅欧元纸币（T6）作为图片的题材。而在这 8 幅用欧元硬币做题材的封面图片中，7 幅都能清楚地辨识出是一欧元的硬币，只有在图片 T11 由于硬币损坏过于严重，无法辨识出面额。

在图片复杂度上来看，这 13 幅封面图片的构造都不复杂。有些图片只由一个或一类要素构成：图片 T1 展示的是一个熔化的硬币；T6 里是两架用欧元和美元折成的纸飞机；T7 虽然展示的是一大群人，但不能辨认出单个人是谁，因此本文将这一群人作为一个整体元素来看待；T9 的题材是碎裂的欧元硬币，T12 是表面图案剥落的欧元硬币，而 T13 展现的也是熔化的欧元硬币。这里，T1 和 T13 虽然都采用了欧元硬币作为封面图片的题材，造型也都采用了熔化的状态，但表现的却是两个不同的主题：T1 通过熔化的硬币象征性地质疑欧盟条例中盟国不为相互债务负责的条款是谎言，而 T13 则是形象地展示通货膨胀所引起的货币贬值。

相对于上述只由一个或一类元素组成的封面图片，有 4 幅封面图片由两类元素构成：T4 图片由带弹孔的硬币和飞向它的两颗子弹构成；T5 则是由希腊国旗和放置其上的欧元硬币遗像构成；T8 展示的是欧元硬币和定时炸弹；T11 则是由希腊柱废墟和破损的欧元硬币构成。

拥有两类以上可以清晰辨别元素的只有 T2、T3 和 T10 三幅封面图片。T2 图片中可以看见一盒打开的火柴，火柴盒内盖里有希腊神庙和欧盟星图案，盒内有两根火柴已经烧着，紧挨着剩下的还未烧着的火柴；T3 图片中赫然可见一个陡峭的斜坡，坡上有一个巨大的黑色圆球被一根细小的希腊柱式的小棍子支撑而静止在坡面上，一个黑色的男性身影正将手伸向那根支撑的小棍子；T10 图片中一座希腊神庙造型的建筑占据了整个白框面积，上面几个大写的单词"Global Stock Exchange"（国际证券交易）清晰可见，而建筑前面是被线牵着的四个牵线木偶。

所有这些封面图片，除了图片 T7 外都不是真实的照片。这些人工合成的图片都采用了高超的图片处理技术，虚构出强烈的视觉冲击。借助这些视觉效果与现实世界的鲜明对比，实现图片在审美上的价值。人们在现实生活中几乎不可能看见欧元硬币熔化、破裂这样的现象，而通过图片处理技术，使得人们在脑海里想象的画面也能在封面上具体地呈现出来。

第三步分析是考察图片的内容。根据 Stöckl 的理论，图片内容的考察包含两个方面：一是要考察图片以什么样的方式展示了什么样的对象；二是这个对象处在怎样的上下文语境与情境中（Stöckl，2011：54）。本文将借助"图示语法"这一工具来完成这两个方面的观察。虽然前文提到，图片相较于语言系统不具备非常精确、完善的语法体系，但是，图片系统也属于编码系统，其符号也遵循一定的规则。现行的将语言系统语法转接到图片系统的研究中，影响最为深远的是社会符号学的功能语法理论。

功能语法理论认为，图片的功能可以从三个层面上进行考察。第一个层面是展现层面，在这个层面上，图片的作用是通过描画物体或行为过程来呈现世界；第二个层面是互动层面，这里涉及的是图片的创作者、图片所展示的对象以及图片的接受者之间的关系；最后一个层面是衔接层面，这个层面考察的是图片如何将单个的图像元素组合成为一个内容上连贯、形式上衔接得当的整体（Kress & van Leeuwen，1996：41ff）。在 Stöckl 模型基础之上，本文将考察如表 2 所示的具体项目。具体分析见表 3—表 7。

表 2   图片功能的三个层面

展现层面	描述性展现	动态进程/静态环境等
	抽象性展现	分类/分析/象征等
互动层面	行为导向	索求/供给等
	社会距离	个人的/社会的/非人际的等
	态度	主观/客观等
衔接层面	信息分配	左右型/上下型/中心边缘型等
	视觉衬托	通过形式/颜色/对比/特效等
	限界	融合/分离等

表 3   相应封面图片分析

编号	封面	分析
T7		从展现层面上来看，只有图片 T7 属于描述性展现，描述的是一个动态的进程：一群疑似是证券交易员的人正混乱地围着一个穿蓝色衬衣的男人争吵。而剩下的图片都属于抽象性展现，准确地说属于象征性展现。
T1		图片 T1 中，熔化的欧元硬币是一种暗示，意喻容易熔化的东西都不能持久，就像图片标题中提到的谎言一样，迟早要被戳穿。这实际上是用讽刺的方式批评欧盟不遵守成立时立下的原则，通过救助伞等经济援助手段使得欧盟成员国（例如德国）为另一些濒临破产的欧盟国（如希腊等）负责。
T13		而同样也是展示了一枚熔化了的欧元硬币的封面图片 T13 则是用熔化来象征通货膨胀引起的货币贬值，因为硬币熔化了，就不能使用了，相应的也就没有价值了，其效果和通货膨胀带来的货币贬值一样，只是后者的效果是无形的，前者是可见的。
T2		在图片 T2 中，带有欧盟星图案的火柴盒很明显象征了欧盟，而里面的火柴则象征了欧盟成员国。盒子上的希腊神庙图案以及文字 "from Greece with love" 隐射烧着的火柴就代表以希腊为首的危机国家。而那些旁边的火柴则代表其他欧盟成员国，它们虽然还未烧着，也就是还没有出现国家危机，但是靠着烧着的火柴，时刻存在被点着的危险，也就是说并不是没有经济问题，可以高枕无忧。在最坏的情况下，整个火柴盒都将被烧毁，暗喻整个欧盟的崩坏瓦解。

编号	封面	分析
T3	DER SPIEGEL DIE SCHULDEN FALLE	图片 T3 还是围绕着"希腊"和"债务"这两个关键主题。巨大的黑色球体象征着巨额债务，而那根用于支撑它的希腊柱就代表希腊。圆球、支撑柱和斜坡三者就构成了标题中的"陷阱"：谁去拿那根柱子，谁就会被圆球碾过。换句话说，谁卷进了希腊国家危机以及欧元危机中，谁就掉入了债务无底洞的陷阱中。图片中，黑、红、金三色的背景也特别醒目，与其他图片中暗色的背景不同，T3 的背景呈现的是德国国旗的颜色。连同圆球上的标题"Die Schuldenfalle. Wie viel Griechenland können wir uns noch leisten?（债务陷阱——我们还能负担得起几个希腊？）"一起，可以合乎逻辑地推论出，这里的"我们"指的是德国人。

比较图片 T2 和 T3 可以看出，图片 T2 反映的是整个欧洲的欧元危机，而图片 T3 则针对的是希腊国家危机和欧元危机对于德国的影响。

表 4　相应封面图片分析

编号	封面	分析
T4	DER SPIEGEL DAS LETZTE GEFECHT	图片 T4 还是展示了一枚欧元硬币，但不是熔化的，而是被击穿的。中弹的欧元加上旁边还在呼啸的子弹，仿佛是置身一场战役当中。图片本身来看并没有提供太多信息，连同图片标题"Das letzte Gefecht. Wie Europa seine Währung ruiniert（最后的战役——欧洲是怎样毁灭自己的货币的）"也无法将图片的寓意阐释得非常具体：谁在打仗？在什么地方？什么时间？当然，这也是封面图片的用意所在，通过图片引起读者的兴趣，但不提供具体的信息，促使读者购买杂志，从封面故事中获得详细信息。
T5	DER SPIEGEL PLÖTZLICH UND ERWARTET	图片 T5 很好地衔接了图片 T4,展示的是欧元的遗像，下面铺着希腊国旗。这里欧元被拟人化了，通过展示欧元的"死"暗喻欧元这种共同货币的失败。

而在图片 T8 中，欧元硬币和一个定时炸弹绑在了一起，欧元作为时钟的表盘，这样就产生了一个 "Geldbombe（货币炸弹）"，暗喻欧元就像定时炸弹一样，是对整个欧洲的潜在威胁；图片 T9 的象征性表现是通过一枚碎裂的欧元硬币实现的。图片中的欧元硬币被放大成了一个平台，而这个平台正好从欧洲大陆图案所在的地方断裂开来，这暗喻欧洲大陆即使是在欧元这一共同的货币基础上也还是会分崩离析；相较于图片 T9，图片 T11 则明确地针对希腊，图中破损的希腊柱和废墟象征着濒临破产的希腊，而旁边的破损的欧元硬币则暗示着由希腊等国的国家危机所引发的欧元危机；图片 T12 展示的还是一枚欧元硬币，一枚表面图案剥落的欧元硬币，象征着欧元这一共同货币的崩毁。

表 5　以货币为主题的封面

编号	T6	T8	T9	T11	T12
封面					

同上述封面图片一样，图片 T6 也采用欧元货币作为题材，但不同的是，图片 T6 采用的是纸币，而不是硬币。图中展示的是两架烧着的、由欧元和美元纸币折成的纸飞机，眼看就要坠毁。这两架欧元和美元做的飞机实际就是世界经济的化身，因为这两种货币属于世界上最强、影响力最大的货币。如果这两种货币崩溃了，那么世界经济都会面临崩盘的危险。

表 6　封面图片 T10

编号	T10
封面	

　　图片 T10 乍看与欧元危机并没有直接的关系，所展现的是一座希腊神庙式的建筑，上面写着"Global Stock Exchange（国际证券交易）"几个大字。在建筑的前面是四个牵线木偶，外形酷似萨科奇、默克尔、奥巴马和胡锦涛。图片中没有出现货币的具体表现形式，而用国际证券交易所来暗指，实际上正符合牵线木偶这一隐喻。钱，作为世界真正的统治者，躲在证券交易所背后，是不为外界所见的，可以看见的只是被它操纵的木偶，即这些重要的国家领导人。

　　从互动层面上来看，所有的 13 幅图片在行为导向上都是供给型的，也就是说，它们只是将封面故事用图片的形式表现出来，将信息传递给读者，并不向读者要求什么。不过，这些封面虽没有要求读者什么，但是却有明显的促销意图：通过封面图片引起读者的好奇，从而促使读者购买杂志。而在社会距离上，几乎所有的图片都是非人际的，因为它们并没有直接地和读者进行对话。即便是图片 T7 展示的是真实的一群人的照片，这些人也没有直视读者，而是相互之间在进行交流。那些疑问句形式的封面标题也不是针对读者个人提出的，而是对事不对人的。所有的十三幅图片都是以主观的态度创作的，它们几乎都不是现实世界的真实反映，而是人工合成的虚拟图像。由此创作者可以更好地预先设计要展示什么样的题材以及以什么样的角度来展示题材。

　　最后一个分析层面是衔接层面。在这个层面上，首先要考察的是图片的构图类型和信息分配形式。大部分图片都采用了上下结构，例如 T1、T2、T3、T5、T6、T11、T12、T13，其中图片 T11 也可以列为左右结构类型。而 T4 和 T9 则是典型的左右结构。采用中心边缘型构图的只有图片 T7。另外，图片 T8 和 T10 采用的是前后型图片构型。这里需要指出的是，图片 T2 和 T13 其实是具有模拟 3D 效果的。从信息值上来看，十三幅图片中有 8 幅图片的各个组成部分是等值的，它们是 T2、T3、T6、T7、T8、T9、T10 和 T11。以 T2 为例，其每个组成部分都有重要的象征意义：欧盟星象征欧洲，火柴象征欧盟成员国，而火柴盒内盖里的希腊神庙图案暗指希腊国，而火焰以及火柴燃烧象征着国家破产。但是没有一个组成部分能独自表达出封面图片的完全意图，而是所有组成部分构成一个整体，而这个整体才能表达出创作者想要传达的全部信息。

其余 5 幅图片中（T1、T4、T5、T12 和 T13），某一组成部分传达了核心信息，而其他组成部分则扮演配角的角色。例如图片 T1 中，欧元硬币是信息的核心所在，下面熔化的边本身并不能独立传达图片创作者想要传达的信息，但缺少它又不能传达完整的信息，并且这一熔化的边缘可以造成强烈的视觉冲击效果。在视觉衬托上，除了图片 T7 是通过颜色对比来实现衬托以外，其他所有的图片都是通过 PS 技术达到的虚拟效果来实现视觉衬托的。

在完成了对图片的展现、互动以及衔接层面的分析之后，分析模型的最后一步是对图文关联的分析，也就是分析封面图片与封面标题如何共同构成多模态语篇。Stöckl 认为，图文关联有三个基本层次（Stöckl，2011：58）：

（1）空间位置关联：这一层次主要关注的是图片和文字在空间位置上的关系，它们是位于彼此旁边还是集合成一个整体。

（2）内容关联：这个层次关注的是通过两个符号系统表达的内容如何构成一个有机的整体。根据 Van Leeuwen 的理论，图文内容关联主要有两种形式，一是阐释，二是延伸。所谓阐释是指一个符号系统只是明确或阐明另一个符号系统所表达的内容，并不加入全新的内容信息。而延伸则是指一个符号系统用新的信息内容对另一个符号系统表达的内容进行补充（Van Leeuwen，2005）。

（3）逻辑关联：这个层次较上两个层次更深入一步，探寻图文关联是建立在怎样的认知逻辑基础上的。Stöckl 认为，逻辑关联可以有三种不同的形式。第一种形式为简单关联形式，图文之间只有简单的关联关系，例如，相同或者相反之类的关系。第二种是等级关联形式，即图文之间是较为复杂的依附关系，例如，原因和结果、条件和后果、整体和部分等等。最后一种形式最为复杂，Stöckl 将其称为"巧玩形式"，实际上是指以幽默调侃的方式巧妙地在图文之间建立间接的、暗示性的联系。这种关联方式最典型的效果便是读者看后会心一笑。

从空间位置上来看，13 幅图片基本都是图文界限明确的构图模式，一般文字在上，图片在下。只有在图片 T3 中，文字部分融入了图片之中以及图片 T8 中标题位于图片下方。而从内容关联上来看，这 13 幅图片大致可分为如下三组。

表7　13 幅封面图片空间位置类型

类别	组别	内容	封面图片
延伸	第一组	文字 > 图片	T1、T2、T3、T6、T7、T8、T10、T11、T13
阐释	第二组	文字 < 图片	T9
	第三组	文字 = 图片	T4、T5、T12

根据图表所示，大约四分之三的图片（9 幅）中都是文字部分对图片部分进行补充，给出主要的信息，因此归为延伸的类型。以图片 T1 为例，硬币熔化和谎言之间的象征联系首先通过图片标题才明确下来，否则熔化的硬币有太多的阐释可能性，例如图片 T13 中可用其来象征通货膨胀造成的货币贬值；然后通过引用欧盟条例补充说明了为什么欧元是一个谎言：因为欧盟条例里明确规定了成员国之间不为相互的债务负责，而现在的情形事实是希腊面临国家破产，而德国等成员国被迫对其进行援助，从而变相地为其债务负责。

剩下的四幅图片属于阐释的类型，其中有三幅图片的文字和图片部分信息值等同。文字部分只是用另一种编码系统重述了图片所表达的信息，并没有补充新的信息。只有在图片 T9 中文字所给出的信息值小于图片。从严格意义上来说，图片 T9 不能归为阐释的类型，因为标题并没有起到帮助理解图片的作用。并且，标题本身单独也不含有真正的信息，只是一个简单的问句："und jetzt?（现在怎么办？）"与其说这个问题提供了太少的信息，不如将其看成是一种情感上的宣泄，以引起读者的思考。

从最后一个逻辑关联层面来看，大部分的封面图片均采用了最为复杂的"巧玩式"的关联模式（T1、T2、T3、T5、T6、T8、T10、T13）。例如图片 T5 中，欧元被拟人化了，并且还不幸过世了，遗像放在那儿供人瞻仰。遗像下面铺着希腊国旗，旁边的标题还一本正经地写着"Plötzlich und erwartet（突然，但在意料之中）"。乍看之下，不免觉得搞笑，但稍微细想一下便知道，这是在用讽刺的方式"预见"欧元这一欧洲的共同货币最终将挺不过由希腊国债危机而引发的欧元危机，以"死亡"告终。

简单关联和等级关联相比之下就运用得较少，封面图片 T4 和 T12 采用的是简单关联方式，而图片 T7、T9 和 T11 采用的是等级关联方式。这里，图片 T7 的关联需要简单地说明一下。图片 T7 展现的是一群疑似证券交易员的人混乱地围着一个着蓝色衬衫的男人争吵，而图片的标题是"Die zerstörerische Macht der Finanzmärkte（金融市场的破坏力）"。这两者之间的等级关联在于证券交易所里的混乱场景反映了金融市场强大的破坏力，这是一种原因和结果的逻辑关联。只是，图片里反映的混乱程度似乎不能很好地展示破坏力的强大。

四、欧元形象

从上面的分析中可以粗略地总结出欧元在欧元危机中被塑造成了怎样的一种形象，其大致体现在三个方面：地位高、影响大但现状差。通观这 13 幅封面图片可以很清楚地看到，绝大多数都是将欧元负面地展示为"惨烈"的糟糕状态。尽管如此，它们并没有否认欧元在世界上仍享有很高的地位。例如图片 T10 中，将世界主要强国的政要塑造成被金钱操纵的木偶就有力地证明了这一点：欧元仍是世界重要货币之一，和美元一起主宰着世界贸易。

正因为欧元地位如此之高，对于世界的意义如此之大，一旦欧元瓦解，后果将不堪设想。图片 T6 中将欧元刻画为一枚定时炸弹，是对欧洲的一个巨大的潜在威胁。同时这也暗示了欧元威力之大，如若崩溃，可能会像炸弹爆炸一样，破坏力巨大，甚至毁灭整个欧洲。

然而，对于欧元地位和影响力的呈现只占很小的比重，这些封面图片更多的是要表现欧元处在危机中的悲惨现状。首先，欧元被塑造成了没有生命力或正在丧失生命力的货币。图片 T4 将其呈现为身中数弹的重伤状态；而图片 T5 更是直接将欧元的遗像挂了出来。其次，欧元被呈现为不耐久、不稳定的货币。与图片 T4 和 T5 相比，虽然图片 T1、T6、T13 中展示的欧元还没有重伤或者已经死亡，但也已经处于着火或者熔化的危险境地，这象征着欧元现在已不坚挺，同时也预示着欧元的生命力正在减弱，这样放任发展的结果必然是死亡。同时，欧元作为共同货币的属性一再遭到否定。那些展示破碎的欧元的封面图片一方面是暗指欧元已不再坚挺，另一方面则暗讽共同货币这一伟大理念的分崩离析。最后，图片 T7 中描绘的金融市场的混乱则暗示着欧元以及欧元危机现在的局面已经失控，想要重新将其引入正轨并非易事。

总而言之，欧元在这 13 幅封面图片中所展现出来的形象总体而言是非常负面的。尽管欧元目前还是最重要、最稳定的世界货币之一，《明镜周刊》看待它的态度是很不乐观的。这些封面图片不仅塑造了负面的欧元形象，实际上也会引发读者的不安情绪。当然，在《明镜周刊》各种讽刺批评的背后能感受到无可奈何的痛惜，也就是说，谁都不真的希望欧元崩溃。但是国家政府在应对欧元危机时的无能为力和援助政策的甚微见效让媒体选择了悲观的态度，这样负面的态度实际上是一种心理暗示，在为最坏的结果做最早的准备。

五、结语

封面图片的主要目的在于引起读者的注意力和好奇心，因此封面图片首先追求的是视觉上的冲击力，图片不仅仅要醒目，还要能吸引眼球。在表现一些复杂或者抽象的主题时，用真实的照片很难达到想要的视觉效果，这就使得图片处理技术成为当今封面图片创作不可或缺的工具之一。凭借图片处理技术几乎将所有的设想都以图片的形式具象地表现出来。其次，封面图片连同封面标题一起还应传达一定的信息，让读者知道这期杂志是关于什么的，但又不透露具体的细节，读者需阅读封面故事才能有比较全面的认识。

此外，这 13 幅有关欧元危机的封面图片还表明，图片系统相较于语言系统更加开放，一幅图片可以有多种阐释的可能性，因此，封面标题在这里不仅仅是补充信息，而且还具有限定阐释的作用，使得创作者想要表达的意图得到保证。从这个意义上来看，封面标题不是辅助性的，而是必需的。这种阐释的开放性使得图片并不被束缚在某一个特定的语境中。图片的创作者可以根据需要将其置入不同语境，便可表达不同的意图，正如封面 T1 和 T13 所示，熔化的欧元硬币可以象征欧盟不相互为债务负责的谎言，也可以暗指通货膨胀导致的货币贬值。

从这 13 幅封面图片中提取出来的欧元形象是非常负面的，图片所表现出来的欧元都处在非常糟糕的状态：中弹、破碎、熔化甚至死亡。尽管如此，欧元的地位之高还是得到了肯定，现状再差，也属于统治世界的少数货币之一。此外，欧元影响力也被形象地表现为炸弹，可见其威力巨大。当然，本文的分析只是一个不全面的个案研究，更全面、更准确地德国媒体中欧元形象的建构需要进行进一步的系统研究才能获得。

参考文献

[1] Daniel Eckert, Holger Zschäpitz: Über dem Euro braut sich perfekter Sturm zusammen[EB/OL]. Die Welt (2015.03.30) [2015.06.15] http://www.welt.de/finanzen/article136032787/Ueber-dem-Euro-braut-sic

h-perfekter-Sturm-zusammen.html.

［2］Diekmannshenke, Hajo / Klemn, Michael / Stöckl, Hartmut (Hg.): Bildlinguistik. Theorien-Methoden-Fallbeispiele［M］. Berlin, 2011: 43.

［3］Gieszinger, Sabine: Two hundred years of advertising in The Times. The development of text type markers ［M］//Ungerer, Friedrich (Hg.): English media texts past and present. Amsterdam 2000, 85-209.

［4］Halliday, Michael Alexander Kirkwood［M］. Spoken and written language. Oxford, 1985.

［5］Jäger, Ludwig: Transkriptivität. Zur medialen Logik der kulturellen Semantik［M］// Jäger, Ludwig/Stanitzek, Georg (Hg.): Transkribieren. Medien/Lektüre. München 2002, 19-41.

［6］Kress, Gunther/ van Leeuwen, Theo: Reading images: The grammar of visual design［M］. London, 1996.

［7］Martinec, Radan: Cohesion in action［J］// Semiotica. 1998 (120. 1/2)

［8］Stöckl, Hartmut: Die Sprache im Bild- das Bild in der Sprache. Zur Verknüpfung von Sprache und Bild im massenmedialen Text. Konzepte- Theorien- Analysemethoden［M］. Berlin, New York 2004.

［9］Stöckl, Hartmut: Sprache-Bild-Texte lesen. Bausteine zur Methodik einer Grundkompetenz［M］// Diekmannshenke, Hajo / Klemn, Michael / Stöckl, Hartmut (Hg.): Bildlinguistik. Theorien-Methoden-Fallbeispiele. Berlin, 2011, 41-78.

［10］Van Leeuwen, Theo: Speech, music, sound［M］. London, 1999.

［11］Van Leeuwen, Theo: Introducing social semiotics［M］. London 2005.

［12］Was passiert, wenn Griechenland den Euro verlässt［EB/OL］. Spiegel Online (2015.03.30) ［2015.06.15］ http://www.spiegel.de/flash/ flash-28752.html.

日本的歌舞伎及与中国音乐的关系[①]

The Relationship Between the Japanese Kabuki and Chinese Music

彭 瑾

摘 要:歌舞伎一词于 1603 年在日本文献中初出以来已经历了四百多年的历史,它在成长、变迁、成熟并逐渐占据日本戏剧艺术的重要地位的过程中展示出大量吸取其他艺术精华的特点。它的艺术形成、音乐结构以及与中国音乐之间的关系在我国还很少为人所知。本文就歌舞伎的形成,尤其是它的音乐本体内容以及与中国音乐之间的关系展开讨论。

关键词:歌舞伎;三弦;三味线;能乐

Abstract: It has been more than 400 years since the term of Kabuki began to be documented in Japanese literature in 1603. Kabuki displays its great capability of absorbing many other genres of arts while it is developing, adapting, ripening and finally has gained its important status in Japanese dramatic art. Its formation, structure and relationship with Chinese music are almost unknown to people in China. The paper will examine the formation of Kabuki, especially its music content and its connection with Chinese music.

---

① 此文发表于《中国音乐》2012 年第 3 期。

Key word: Kabuki; Sanxian; Samisen; Nogaku

歌舞伎与能乐、净瑠璃文乐堪称日本三大传统戏剧,在东方艺术舞台上占据着重要地位。这三大戏剧在漫长的形成过程中,不断吸收中国的艺术文化,并与日本自身的传统文化相结合而形成了富有个性的民族戏剧。能乐成形于 13 世纪,成熟于 14、15 世纪,是吸取中国民间曲艺和唐朝散乐创立发展起来的一种带有滑稽性的表演、对白和吟唱艺术。它具备了戏剧文学、表演艺术、音乐、舞蹈等多种因素,堪称日本古代综合性的歌舞音乐剧。它简练精干,不追求情节的变化发展,着重叙事抒情,其题材多取自日本著名古典文学作品。中世纪的能乐受到中国傩舞和傀儡戏的影响。净瑠璃文乐,是日本江户时期(17—18 世纪中叶)形成的以说唱音乐伴随着木偶表演的一种木偶剧,由人形木偶、义太夫说唱与三味线伴唱(后两者为净瑠璃说唱)组成。文乐的净瑠璃说唱音乐部分与 16 世纪由中国传入日本的三味线,即中国的三弦关系深刻。到了中世纪,三味线在近代日本说唱艺术和戏剧音乐中扮演着举足轻重的角色。歌舞伎迄今已有四百多年历史,在其音乐形成过程中广泛地吸取了能乐与净瑠璃文乐的因素,使其成为一种复杂、多元而又丰富的戏剧音乐。歌舞伎中不仅完整地借用了一部分净瑠璃音乐,同时三味线的出现为歌舞伎走向成熟起到了关键性的作用,在早期仅以展示人物演出(舞蹈为主视觉主体)与歌舞(叙说为主听觉主体)为主体的表演中融入了抒情、叙事性的连接,给歌舞伎的发展带来了革命性的变化。

日本歌舞伎中的音乐与中国的音乐有着紧密的关系,虽然我国戏剧界对歌舞伎中的人物角色、喜剧因素、舞台造型等有着较多的研究,但对于日本歌舞伎中音乐的研究却涉及甚少[①],尤其是关于日本歌舞伎与中国音乐的关系更是缺乏深入的调查。本文试图从日本歌舞伎的

---

① 国内歌舞伎音乐研究的主要论文参见徐元勇《日本歌舞伎音乐》,《论京剧音乐与日本歌舞伎音乐的艺术特征》。姜斯轶《拟古之手段 全新之交流——第一首日本歌舞伎中文唱词创作浅析》。张谦《日本歌舞伎的舞台表演和音乐功能》。刘慧云《浅谈中国京剧与日本歌舞伎的对比》等。

音乐本体入手阐述其深受中国音乐影响的因素与成分，以呈示中日两国音乐艺术间的深层关系。

一、日本歌舞伎的历史形成

歌舞伎的艺术形态就如其字面的表述，即由"歌、舞、伎"三个部分的内容所组成，也就是说是以歌舞为主的一种带有表演演技的艺术。17世纪初出于日本西北部岛根县的出云国。当时该国一个叫阿国的巫女创作了一种最初在能乐的舞台上表演的"念佛踊"①。她和丈夫一起组织了一个戏班子，丈夫唱歌，阿国舞蹈。为了修缮某社殿，他们带领戏班从出云来到京都进行募捐演出，不曾想演出轰动了京都。阿国的歌舞新颖活泼，令人耳目一新，歌舞的内容贴近平民生活，形式新潮而富有强烈的感官刺激。以游女为主角，注重视觉效应的风流舞蹈使得"出云的阿国"迅速走红。庆长八年（公元1603年）始称"歌舞伎踊"，意即"超出常规之舞蹈"而广受民众欢迎，成为当时最流行的消遣艺术。歌舞伎在之后几百年的发展大致可分为以下几个阶段。

1. 游女歌舞伎。歌舞伎踊初期流行于娼妓为主体的游女阶层，她们以外貌与技艺素质的高低分为不同的等次。江户初期，游女们在歌舞伎表演盛行的环境中，还借机从事卖淫活动，败坏了社会风俗，1629年幕府下令禁止女性演出歌舞伎。

2. 若众歌舞伎。在游女被禁之后，年轻男子取代游女成为演出群体的主角。日文中的"若"为年轻人之意，这里特指青年男性。在江户时期指的是尚未举行成年礼的少年。他们以特殊的若众发型，即额发不剃、剔除顶发后扎上结发带参与演出，实际上是一种遭禁演的女歌舞伎的翻版。美男子的"若众"不久便扮演起男色②的角

---

① 念佛踊：佛教僧侣为教化民众而发展出特殊的布教舞蹈，即边念佛边咏唱和赞，并敲击钟鼓，伴有舞蹈。这样的布教舞蹈称为念佛踊。

② 男色，指男性同性恋。

色,艺人卖淫的风纪于 1652 年又一次遭到幕府的禁止,从而出现了野郎歌舞伎。

3. 野郎歌舞伎。所谓的野郎指的也是男性,主要表现为粗犷而富有野性的"野榔头",他是江户时期成年男子的一种发型,即将额发剃除,中间留有一撮头发向前结成半月的形状。这一形式的改变抹去了以色相取胜的特征,而由男性演员为主体的上演体制成为歌舞伎的传统并一直延续至今。但是歌舞伎作为戏剧的真正展开是在此后的元禄歌舞伎阶段。

4. 元禄歌舞伎。因形成于元禄时期(1688—1704)而被命名为元禄歌舞伎,这是歌舞伎逐渐发展到一个成熟阶段的重要时期。曾两度被幕府取缔的歌舞伎又一次获得了重生,并取得了革命性的展开。江户时期在利益主义、务实主义基础上,对人性自由的追求欲望和自然写实主义、唯美主义交织并行的元禄文化成为该时代之特征。被称之为"市民精神"的商业价值观风靡一时,江户时代佛教中所流行的悲观厌世情绪而衍生出的"浮世"观念被反其意而用之,成就了歌舞伎世界、游里世界(花街柳巷)以及弥漫民间的浮华享乐世风。此时的歌舞伎已经脱离了表演仅停留在歌舞层面的初级阶段,剧情的强化成了这一时期歌舞伎的重要特征。歌舞伎艺人通过离奇故事情节来吸引观众,在情节的烘托下产生了更成熟且富魅力的歌舞伎。这里要强调的是这一时期能乐在武士、幕府的支持下逐渐走向成熟。同时 16 世纪以来三弦由中国传入日本并迅速得以展开,其无品带滑音、能模仿人声的演奏特点逐渐代替了琵琶的伴唱地位并在庶民层迅速流行,进而成为净瑠璃说唱艺术的重要伴唱乐器。能乐的器乐伴奏效果以及净瑠璃中的抒情性情节展开被歌舞伎所吸收,使歌舞伎在华丽的艺术外表中渗入了实质性的内涵,成为这一时期出现的大量歌舞伎剧本的共同特点。这些作品多为历史题材和民间传说,在剧本结构、表演技巧、情节内容方面受到了能乐和净瑠璃的深刻影响。

歌舞伎的剧本大致可分为以下四种类型。

1. 竹本戏，又称为义太夫狂言。这类戏的曲调为木偶戏大师竹本义太夫所作，因此而得名。剧目大多是从木偶净瑠璃剧目中移植过来的。其主要代表作为《假名手本忠臣藏》《义经千本樱》《国姓爷合战》。这些都是日本歌舞伎中最优秀的剧目。

2. 历史剧，又称时代狂言。这类戏主要是从能乐移植过来的历史故事和民间传说。代表作为《劝进帐》，根据能乐的剧目《安宅》改编。

3. 世话剧，即社会剧。这类戏多以当代市民阶层的人情义理、恋爱故事为题材，它是和历史剧相对而言的。这类题材十分广泛，大多数为现代戏，所以也常常因为针砭时弊触犯统治阶层的利益而遭到禁演，是最具有现实意义的艺术形式。

4. 所作事，即舞蹈戏。这类戏基本上也是从能乐的舞蹈戏转化而来，数量非常之多。比较著名的"石桥"戏就是其中一类。"石桥"来自能乐中的"唐物"，即中国题材的戏，主要是由狮舞构成。其中《镜狮子》是石桥戏中最著名的一出。

元禄歌舞伎从艺术风格上看，可以分为两大艺术流派。一个是江户歌舞伎的代表，由初代市川团十郎创造的"荒事剧"，以抒情写意式的演剧风格、文雅的道白，"隈取"[①]的化妆、夸张的表演动作，表现宫廷贵族武士家庭的生活情趣。另一个艺术流派则产生于京都，由藤十郎创造的上方歌舞伎"和事剧"，以知情写实性的演剧艺术风格、大众化的语言、普通的生活场景、男女的恋爱情节，再现江户平民阶层的生活意境。"和事"与"荒事"的演剧艺风，是歌舞伎演剧史上一直传承至今的两大艺术流派。

元禄时期的歌舞伎将歌舞与情节相融合，以音乐及舞蹈的要素为基点，逐渐定型了歌舞伎的戏剧样式。此外，还大量吸收了先行艺术中的能、狂言以及同时代的木偶净瑠璃的因素，构成了一种新颖、独立的艺术体裁，并一直传承至今。

---

① 隈取：根据面部的凸凹关系，以明暗对比的绘画原理创造出来的日本歌舞伎的脸谱。

二、歌舞伎音乐的基本形态

歌舞伎自成立至今已经历了四百多年的历史，其音乐在不断的成长中发生变迁。它的音乐分类非常复杂，从今天我们所见的歌舞伎演出形态来看大致可归纳为两个部分：首先是被称为囃子①的音乐，主要是以能乐的四拍子（特指四件乐器：太鼓、大鼓、小鼓、能管）为核心加上太大鼓、竹笛以及数十种打击乐器的"鸣物"。其次是以江户时期集大成的长呗为中心的歌谣三味线系列音乐，其中义太夫节以及丰后节、常磐津节、清元节等，即以三味线伴奏的说唱音乐。另外，歌舞伎的演员只有对白和舞台动作，而歌唱的任务则另由合唱人员担任。歌舞伎中单纯的器乐部分一般由两个部分组成，即"下座音乐"和"所作音乐"。前者与演员的动作、表演无直接关系，其主要目的是制造舞台气氛以及背景音乐。后者是以演员的舞蹈及动作为目的的说唱音乐。两者各自担当着不同的分工与角色，具体做如下阐述。

Ⅰ．下座音乐

下座，原来也称外座，就是指舞台下手（左侧）观众看不到的地方，相当于现代舞台侧幕以外的地方，故称"下座音乐"。明治以后，乐队又从左侧移至右侧，但"下座"这个名称还是保留了下来。所谓"下座音乐"就是指乐队。歌舞伎的"下座音乐"主要是在幕与幕之间或人物上下场的时候用来制造舞台气氛，描写舞台环境、表现人物性格、暗示演员动作的艺术手段。"下座音乐"大部分都是在人物登场、退场的场面切换、武打等时候发出的各种效果音响。随着帷幕的开启，音乐随即制造出浓烈的舞台气氛。其中在人物的入场、退场、道白以及眼色举止等都有一定的规范。下座音乐的主要部分是囃子，

---

① 囃子，在日本传统音乐中运用广泛且具有特殊的地位。是一种制造大音量的声响来引起效果的音乐。它包括人声与器乐两种形态。人声是指在民谣、歌谣、独唱者在歌唱时加入吆喝、帮腔等的齐唱。而器乐的形式运用较多，其中能乐的囃子比较典型，它由能管、太鼓、大鼓、小鼓四种乐器组成，被称为能乐四拍子。它们在剧中歌唱、舞蹈、演技中常扮演效果音的角色。囃子也运用在歌舞伎舞蹈的长呗等场面。

可以说它是歌舞伎中的"底色"，以下对囃子的音乐内容以及分类等略做阐述。

囃子的乐器主要是借用能乐的"四拍子"，即小鼓、大鼓、太鼓、笛子。囃子演奏者在其演奏的过程中常常还因剧情的需要发出"哈""哟"之类的吆喝声，目的在于求得与舞蹈者或演奏者之间的协调。这种吆喝声对于音乐本身至关重要，也可以说它是一种没有乐队指挥的日本音乐的独特形态。囃子音乐的魅力，固然取决于节奏、音色的正确与否，同时，演奏者打、吹之际的呼吸又会引起节律的高低、强弱、快慢等变化，从而使声音产生出各种余韵。正是这种韵味的表达，营造出一种纯日本式的喜怒哀乐的气氛，将日本民族所特有的情感和活力通过声音表现了出来。另外这种吆喝声对于舞蹈者来说，还可以起到丰富微妙的暗示作用。

此外囃子中有个别乐器含有特殊寓意和象征性作用。如大太鼓的出现常预示着山川、雨风、雷或幽灵的出现，它是以写实性的拟音来烘托气氛的象征性手法。如本钓钟、铜锣这两个乐器往往表示钟声，笛（又可分为篠笛和能管）、能管更多的带有一种荒诞怪异之感，而篠笛更多表达的是一种清冷与萧瑟。这些个性鲜明的乐器在歌舞伎中用于描述自然界中的情景，是象征性乐器。囃子在不同的用法中还有各种不同的名称。如用于幕前、幕间和闭幕后，用以通知后台化妆间的演员及观众，或为制造某种气氛时演奏的音乐叫礼仪囃子。

其次"下座音乐"本身也被称作阴囃子，主要是由于它不出现在舞台的正面，而是被搁置在舞台一侧黑暗的木格房内演奏音乐，或称它为"黑御廉音乐"。它是在歌舞伎或舞蹈的开幕、换道具、落幕、人物上下场、演员表演动作或对白时所做的修饰或注脚。还有一种专门为舞蹈及长呗伴奏叫出囃子。囃子音乐的形态还有很多，包括描述性的三味线音乐、三味线与囃子结合的音乐、三味线与歌结合的音乐等等。

Ⅱ. 所作音乐

主要是由三味线伴奏的长呗和净瑠璃。"长呗"的曲调铺陈，适合抒发剧中人物的感情，剧情解说由说唱音乐"净瑠璃"承担。常用的曲种有义太夫节、清元节和常盘津节等。包括义太夫节、长呗、丰后系净瑠璃，它们都是歌唱与三味线伴奏的组合。

1. 长呗（长歌）。由演唱与三味线、嗽子的合奏组成。在歌舞伎舞台上，有时会有多达三十几人的合奏表演，是一种渲染华丽场面和热烈气氛为特点的音乐。按歌舞伎剧情需要可长可短，依其性格可划分为节奏鲜明、宜于配合舞蹈动作的音乐；用于表达剧中人物内心世界与自然情景、较富抒情的白描；也有用于叙述交代剧情、音乐较富朗诵性等不同类型的音乐形态。

2. 义太夫节。它是现存净瑠璃中朗诵性最强的音乐体裁，最初用于木偶戏剧文乐。它由竹本义太夫（1651－1714）创始。其表演由朗诵、对白和吟唱三部分穿插交错进行。义太夫（叙事、说唱者）以抑扬顿挫十分夸张的语调、无明显的旋律性、配以吟唱性的说唱来强化对景物的描写和人物情感的抒发。义太夫节所叙述的故事相当公式化，多数表现因果报应的内容。由于最初配合木偶动作的缘故，其音乐节奏性较强，速度、强弱富于变化。表演形式为说唱者（太夫）与三味线伴奏者一人来演绎。所使用的三味线在该乐器种类中形体最大，音色淳厚有力，它除了弹奏外还常以拨子击打其琴体皮面，产生戏剧性效果。

3. 常盘津节。派生于风格轻柔艳丽的丰后节，由京都的常盘津文字太夫（1709－1781）始创。他把义太夫节的那种豪侠阳刚特性加入其中，主要用于歌舞伎的伴唱。常盘津节强调说与唱并重，节拍规整，宜作舞蹈音乐。演唱者发声朴实无华，表演形式为说唱者三人，三味线伴奏者两人。其次还有清元节，它也是派生自丰后节系统，是净瑠璃中产生得最晚的流派。清元节的历代艺人都很注重创新以求适应观众口味的变化。与其他流派相比它最富歌唱性，旋律轻快洒脱。演唱者发声讲求技巧，喜用假声，音色柔美。表演形式与常盘津节相同，但所用三味线的形体较小，音量不大，音色柔和。

人形净瑠璃的故事叙述者被称为"太夫"的道白者。木偶随着太夫的叙述开始表演。太夫不分年龄性别、所有的登场人物都由其一人来担任，浑然各异地表现出不同人物的性格以及人情变迁的微妙之处。

三、歌舞伎音乐与中国音乐的关系

通过以上的叙述，我们清楚地看到了日本歌舞伎音乐中的两大要素，即能乐的囃子与三味线为主体的净瑠璃说唱音乐，而恰恰这两种音乐的形式与中国有着千丝万缕的关系，以下略做阐述。

首先让我们来看看能乐与中国的关系。能乐是日本中世纪形成的合音乐、舞蹈、戏剧为一体的综合性舞台艺术。能乐与奈良时期由中国传入的散乐有着直接的关系，散乐中所包含的曲艺、歌舞、模仿等的表演艺术到了平安时期转向以取笑为主的猿乐。猿乐受到一般平民的欢迎并很快形成了不同的流派。进入镰仓时期，当时大和猿乐结崎座的观·世阿弥父子通过种种努力将这种娱乐为主的平民文化猿乐转向贵族化的能剧艺术，为能剧的创立做出了巨大贡献。尤其是世阿弥将猿乐能中的模仿艺能移植至歌舞之中，进而使其戏剧的结构缜密而富逻辑，内容更为深化，意境深远，追求情感深邃的幽玄。而猿乐则向着科白剧狂言转化，成为当时讽刺大名、僧侣日常生活中滑稽谐谑一面的一种喜剧艺术，并传承至今。

散乐来自中国，该词初出于周朝，《周礼》中记载道："旄人，掌教舞散乐。舞夷乐。凡四方之以舞仕者属焉。"[1]

周朝的散乐是一种教诲"野人"为善之乐，后逐渐演化成一种娱乐性强的倡优、侏儒之伎。《礼记·乐记》，卷七曰：

"及优侏儒犹杂子女，不知父子。乐终不可以语。"

---

[1] 见《周礼·春官宗伯》（下）

随着丝绸之路的开凿,中国的散乐与来自西域的百戏相遇形成了一种包含幻术、杂技等表演模式的艺术形态。《通典》卷 146,散乐条目曰:

"大抵散乐杂戏多幻术,皆出西域,始于善幻人至中国。汉安帝时,天竺献伎,能自断手足,刳剔肠胃,自是历代有之。"

这种吞刀、吐火、走钢丝、滚顶板的表演样式在隋唐时期盛行于民间与宫廷,并随遣唐使带入了日本。在日本正仓院的中仓收藏着一具弹弓,弹弓上画有我国唐朝风俗的散乐图。弹弓长 162 厘米,弓竿上画有 96 个呈各种姿态的曲艺、杂技等表演者的图案(见图 1,局部)。从该弹弓的画面上能看到操持各种乐器的奏乐形态,其中有坐奏也有立奏。还能看到如下的乐器:桶形的大鼓、细腰鼓(都用两根棒来敲击演奏的)、箜篌、琵琶、尺八、横笛、铜钹子、笙、扁鼓、铜锣、箫、拍板、碗状的小型乐器、多枚拍板等。这些正是我国隋唐时期盛行的胡、俗乐器。而图案上的爬干、鼎缸、抛玉、走索、弄剑等构成了一幅在乐队的伴奏下举行的形象生动、富有生气的耍杂弄艺的散乐图景。毫无疑问,散乐是在奈良朝(710—794)与其他唐乐一起传入日本的。在《东大寺要录》天平宝胜 4 年(752)东大寺大佛开光式的供养中写着"唐散乐"的字样。之后散乐在日本得到了传播。从图 1 正仓院所藏的墨绘弹弓以及《信西古乐图》的散乐画面中大致能了解到隋唐时期的中国散乐被完整地传到了日本,且传入日本之后的散乐仍然保持着集曲艺、奇术、滑稽、幻术于一身的综合艺术形态的特征。

图 1　正仓院墨绘弹弓①

　　散乐传到日本后受到了日本宫廷的重视，被指定为散乐户，其教习、传授技艺受到了宫廷的保护和奖励。但是散乐较多地运用于相扑节、竞马会、神乐等余兴活动。演奏者主要是雅乐寮中的散乐户。后来逐渐流入民间，走向平民化。平安时期，如轻伎、曲艺、滑稽模仿、舞蹈等艺术形式已经广为流传。其中散乐中的滑稽所产生的模仿因素被后来的田乐、猿乐中的狂言所继承。而散乐中的滑稽与日本猿乐中的模仿伎性格上比较相像，同时它们的日语发音巧合性的相同。散乐的日语发音为（Sanraku）而猿乐是（Sarugaku），其中 raku 和 gaku

---

① 引自林谦三《正仓院乐器的研究》第 19 图版，风间书房，1964 年

为同一字意的"乐",则因前缀的不一而发音略微相异,又因日语中的"散"和"猿"发音相近,因而中国的散乐很快地被视为猿乐的同类艺术而被接受,其中的曲艺、奇术等因素也被日本传统的田乐所汲取并与滑稽、模仿为主体的猿乐相融合。这里还值得一提的是猿乐能中还有一种与中国散乐相关的咒师猿乐,这是一种与密教相融合的宗教艺术,出自法师活动中的表演。这种咒师猿乐后来便成为现在能乐中"翁"的母体,以及翁猿乐的前身并派生出梦幻能的重要因素①。

歌舞伎与中国音乐最直接的关系要数三弦了。三弦这一乐器早在元代就出现在我国的文献中。《元史》卷68,礼乐二的登歌乐器丝部中记有三弦一器,它在元朝的宫廷雅乐中被编入乐队。在明代文人杨慎的著作《升庵外集》中记有:"今之三弦,始于元时。《小山词》云,'三弦玉指,双钩草字,题赠玉娥儿'"的史实。三弦在我国运用最为广泛的是在明朝,说唱音乐戏曲艺术的蓬勃发展为三弦的流行提供了重要土壤。明朝中叶南方出现的弹词、北方的各种说书、鼓词以及大量的戏曲音乐中几乎都有三弦的身影。在中国的音乐体裁中如京韵大鼓、梅花大鼓、东北大鼓、西河大鼓、京东大鼓、山东大鼓、天津时调、北京单弦、乐亭大鼓和陕北说书等,曲剧中的豫剧、吕剧、山西梆子、评剧和京剧等,南方的及江南丝竹、广东音乐、福建南音、常州丝弦、十番锣鼓等乐种的器乐合奏中都广泛地使用着三弦。

三弦大约在16世纪上半叶经福建传入琉球诸岛②,之后很快在民间流传开来,成为琉歌及当地民谣中的一件重要乐器。到了16世纪后半三弦由琉球岛经港口城市大阪南部的堺市传入日本本岛。进入大阪的初期只是在专业的盲人乐人中使用,但不久便迅速普及至民间与宫廷。尤其是十八世纪初以来三味线音乐受到了保护奖励,确保了三弦(三味线)在音乐中的重要地位。这件长柄无品,易于模仿人声的乐器不久便代替了琵琶的地位,在歌舞伎、净瑠璃,包括义太夫、常磐津、清元、新内,以及地歌、长呗等大量的音乐体裁样式雄踞鳌头,成了日本近代音乐中的支柱性乐器。

---

① 参见赵维平《中国古代音乐文化东流日本的研究》第二章中的散乐条目。
② 1534年成书的《使琉球录》中记载了该年册封使陈侃来到琉球时曾将三弦带到了冲绳。

　　三弦从中国传入日本之后，其名称及形制都发生了变化。三弦在冲绳被称作"三线"及"蛇皮线"，三线即三根弦的意思，而蛇皮线则是共鸣箱表面蒙以蛇皮之意。来到大阪后不仅名称被改为三味线，形制上的变化则更为明显。首先，共鸣箱已从椭圆形改成略带弧线的四角形。其制作方法由原来一块木中挖出一个共鸣箱改成由四块板黏合而成，共鸣箱大型化了。其次，共鸣箱的皮由蛇皮改为猫皮，音色发生了变化。再次，拨子由原来较小的刮片（或直接用手指）变成琵琶用的大拨子。与过去的刮片相比，能演奏出反拨的特殊效果，音色上的表现力加强了。此外琴杆也发生了变化。三味线因乐种、流派的不同琴杆的粗细、长短有着各自不同的尺寸，一般分为细、中、粗三种长度，运用于不同的体裁样式之中。总之，我国的三弦传到日本后被明显的"本土化"，朝着适合于日本自我音乐趣味方向转化了。

　　三味线的形制在传入日本后的三四百年间发生了剧烈变化。这件乐器在日本被广泛使用，其地位由此可见一斑。在不断地使用过程中其运用范围被细化至不同体裁和乐种。三味线的作用在歌舞伎中尤显重要。三味线几乎是与歌舞伎同年出现于日本的艺术表演舞台的。最初三味线是以乐器加道具的形式加入歌舞伎的伴奏音乐——囃子中。主角游女怀抱三味线站在舞台中央弹奏，其他游女应声群舞，这件外来乐器一开始就为歌舞伎的表演增添了生气，使得表演新颖活泼而富有艺术内涵。其后通过江户时期至元禄期三味线净瑠璃诸多说唱艺术走向成熟、定型阶段，并被歌舞伎吸收为主要内容部分。它们不仅担当了歌舞伎戏剧音乐的主体部分，使原来的"歌、舞、伎"只注重单个的视觉效果的艺术体裁注入了跌宕起伏的"叙述情节"（净瑠璃叙事）。尤其在长呗、义太夫节以及流行的端歌、民谣等，三味线都扮演了重要角色。此外到了19世纪初叶的化政时期，歌舞伎作为音乐剧走向了全面成熟阶段，广泛地吸收了说唱音乐。在下座音乐的囃子中作为戏剧的场外音描述的三味线还单独演奏来衬托场景，形成了三味线与歌、三味线与囃子、歌等多种形式相结合的音乐场面。

　　总之，在日本歌舞伎音乐中囃子与三味线说唱艺术：长呗、义太夫节等净瑠璃是其主要部分。本文对歌舞伎中的主体乐，即下座音乐和所作音乐的用法、功能展开了讨论。同时对能乐与三味线的来源及与中国音乐的关系进行了梳理，指出了它们与中国音乐之间的渊源关系，阐明了日本歌舞伎音乐的发展成型与中国音乐的传入有着不可分割的历史关系。

参考文献

[1] 林尹注译. 周礼今注今译[M]. 北京：书目文献出版社，1985.

[2] 平野健次，上参乡祐康，蒲生乡昭. 日本音乐大事典（第二版）[M]. 日本：平凡社，1992.

[3] 山田庄一. 歌舞伎音乐入门[M]. 日本：音乐之友社，1986.

[4] 徐元勇. 日本歌舞伎音乐[J]. 交响，1997（1）.

[5] 张谦. 日本歌舞伎的舞台表演和音乐功能[J]. 艺海，2011，5.

[6] 赵维平. 中国古代音乐东流日本的研究[M]. 上海：上海音乐学院出版社，2004.

美国网络特许学校

——争议与发展前景[①]

Cyber Charter Schools in the United States— Controversial but Promising

徐 江 郑 莉

摘 要：作为美国学校教育改革试验场，网络特许学校在近 20 年的发展历程中饱受争议，涉及教育经费、教学质量、社会互动、与在家教育关系等方面。尽管如此，网络特许学校发展迅猛，且将迎来更加广阔的发展前景。

关键词：美国教育；网络特许学校；争议；前景

Abstract： Cyber charter schools, symbolic of the pioneering K-12 education reform in the U S, have been subject to controversy surrounding their funding, quality, social interaction and relations with home schooling. However cyber charters have grown by leaps and bounds over the past 20 years and will predictably have a good prospect.

Key words： American education; cyber charter schools;

---

① 此文发表于《上海教育科研》2013 年第 1 期。

controversy; prospect

一、什么是网络特许学校

在美国，特许学校有两种：一种是教室内开展教学活动的传统特许学校，一种是主要依靠计算机和因特网提供教学服务的网络特许学校。二者都是某机构或组织获得州颁发的特许状后开办的公立学校。特许学校的目的是进行教学创新、探索教育新路，其管理运作不受针对一般公立学校制定的教育规章制度的约束，具有相当大的办学自主权。

只要所在州已有相关法律，学校开办方即可向网络特许学校授权机构提出申请。授权机构因州而异，通常为学区、非营利性机构、大学、州教育主管部门以及州特许学校专门委员会。

网络特许学校主要提供两种课程学习模式。

（一）同步即时性学习

类似于传统课堂教学，学校购买并使用专门教育研发机构的教学软件平台组织虚拟课堂教学，学生可以在虚拟课堂上与教师、同学进行口头或书面交流，每周上课数小时，课外完成一定的学习、测试等任务。

（二）自我步调学习

这种模式学习时间不固定，比较适合需要灵活安排学习活动的学生，特别是身体不好、有小孩或者经常外出的学生。

二、网络特许学校主要特征

1. 不受学区限制，学校面向全州招生。
2. 学生以成绩优异者、后进生、辍学者、为人父母青少年以及特需学生等为主。

3. 多数学校实行全网络教学，少数采用网络与面授相结合的混合式教学。

4. 学校与其他公立学校一样必须保证学生学业成绩，有的还需进行额外报告或学业水平鉴定。

5. 学校常与营利性或非营利性教育管理机构共同经营，后者负责学校日常运作管理。

6. 教师一般不加入工会组织，上班实行弹性工作制，可兼职。

7. 特许状一般 3－4 年需由监管部门重新核发。

三、网络特许学校引发的争议

网络特许学校自诞生之日起就引起了各方关注，争议不断。争论焦点主要集中在以下几方面。

（一）教育经费之争

网络特许学校属于免费公立学校，办学经费主要来自各学区按学生数转拨的教育经费。K-12 阶段学生教育经费都随学生走，学生在哪所学校上学，生源所在学区就必须将其经费划拨到哪所学校。一般公立学校面向本学区招生，经费不会流出生源学区。网络特许学校则不同，招生不限学区，面向全州，这就导致了一些问题。

1. 学区对辖区内传统学校具有直接管理权，但对网络特许学校却没有这种权力，现在要他们为自己没有管辖权的学校买单，学区难以接受，有的甚至断然拒绝向网络特许学校支付本学区学生的学费。

2. 生源学区必须按本区生均教育经费向网络特许学校划拨经费，但学区之间生均教育经费存在差异（如图 1），有的学区支付的经费高于网络学校实际教学开支，而有的学区支付的经费低于学校教学支出，这不仅导致"富裕"学区补贴"贫困"学区现象，而且还造成同一所学校同样的教育却支付不同学费的不公平问题。

学区名称	生均教育经费（美元）
Reading SD.	5380.30
North Schuylkill.	6226.89
Juniata County SD.	6401.28
Crestwood SD.	6538.85
Chester-Upland SD.	6812.55
Nazareth Area SD.	6925.47
West Perry SD.	6980.15
Bermudian Spring SD.	7003.30
Valley View SD.	7024.49

生均经费最低前10名学区 ↑

- -

生均经费最高前10名学区 ↓

Phoenixvill Area SD.	11576.80
Wissahickson SD.	11666.09
Sullivan County SD.	11679.14
Great VAlley SD.	11774.28
West Greene SD.	12131.01
Rose Tree Media SD.	12153.35
Pittsburgh SD.	12372.60
Cheltenham Township SD.	12908.16
Forest Area SD.	13668.53

图 1. 2008－2009 年宾州生均教育经费最低和最高前 10 名学区

（Carr-Chellman & Marsh，2009）

　　有人认为,州议会支持网络特许学校发展的初衷往往是降低教育成本,因为网络学校的成本比传统学校低,无须教室、图书馆、食堂等设施,且教师不必全职,不参加工会组织,工资也相应比传统学校低,学校教学成本按理应低于传统学校,不应获得与传统学校同等生均经费。然而 2011 年宾州教育厅公布的学校财务收入报告显示,2009－2010 学年度财务收入最高的前四名特许学校均为网络特许学校,四校收入总和达 23,100 万美元,相当于四校所在四大学区总收入的 63%（Murphy,2011）。如此大的份额不禁让人联想到经营网络特许学校的营利性教育管理机构,质疑网络特许学校的实际教学成本和资金去向。

支持者认为，尽管没有传统学校的校舍、食堂、校车等相关费用的支出，但个性化教学是网络特许学校的重要特征之一，需要有高素质教师以及网络课程开发和技术支持人员，所以与教职工工资等经费预算占 70%－80% 的传统学校相比，网络学校此类开支会更高。网校还须购买学习管理软件，支付长途电话、技术培训等费用。虽然生均经费很低学校也能维持，但将无钱用于研究、创新、开发、质量保证等项目，势必制约学校发展。为了获得尽可能多的教育经费，网络教育提供者极力游说立法者给予网络学校同等经费资助，有的网络特许学校获批开办后以生均资助经费过低为由拒不招生，迫使州特许学校委员会提高费用。

究竟网络学校需要多少经费目前仍无定论。2006 年 APA 咨询公司研究表明，在线教育项目经营成本和传统学校基本持平，在线 K-12 教育项目生均费用为 7,200－8,300 美元；2010 年 K-12 在线学习国际协会估算网络特许学校生均经费为 6,500 美元，约为传统学校全国平均费用 12,000 美元的一半；2010 年威斯康星州教育厅报告显示，2007—2008 学年该州网络特许学校生均费用 3,687－28,581 美元，报告认为 6,000 美元应该比较合理；乔治亚州特许学校委员会 2010 年经过听证和专家讨论，认定全国网校生均教育开支约为传统学校的 65%（Braunlich，2011）。

（二）教学质量之争

公众诟病的另一大问题是教学质量。公立学校教学质量衡量指标通常包括州水平考试、毕业率、年度适当进步（AYP）等，网络特许学校也不例外。2008 年宾州水平考试中，11 所网络特许学校中仅有 1 所达到州规定的教学要求，2 所达到阅读要求，3 所达到"年度适当进步"要求（Kurutz，2009）。2010 年科罗拉多州全州毕业率为 72%，而 K12 旗下的科罗拉多网络学院正常按时毕业率仅有 12%。同样是 K12 旗下的俄亥俄网络学院正常毕业率也只有 30%，远低于州平均水平 78%（Layton & Emma，2011）。宾州网络特许学校学生在阅读和数学科目上的学习进步也大幅低于传统公立学校（CREDO，2011）。

支持者认为，网络特许学校作为教育创新实验场，自然有成功也有失败，对此类新兴事物公众应以包容的态度相待，况且它们之中也不乏成功范例。例如宾州网络特许学校在 ACT 和 SAT 考试中均取得了骄人的成绩，两项成绩平均分高于该州乃至全国平均分（Abraha，2010）。2010 年威斯康星州教育厅报告显示，2005－2008 年连续三年网络特许学校各年级在该州知识与概念考试中阅读平均分均超全州水平。虽然在考试头两年数学平均分总低于全州平均分，但 2007－2008 年网络特许学校四到七年级数学平均分却高于全州平均分（DPI，2010）。

他们还认为，网络特许学校考评成绩不理想并不意味着此类学校教育质量不高，其主要问题在于现有评价体系不能真实、准确地反映网络特许学校的特质，用评价其他公立学校绩效的测评体系评价网络特许学校并不合适。一方面，各州对公立学校的评估方法基于学生群体比较稳定这一前提，而网络学校学生流动性大，保留率比非网络学校低，这就给学校评估方法提出了挑战。例如，有的学生作为网校学生参加测试，但在该校注册学习时间可能不到一年或半载；有的一年中仅一段时间注册在校学习，考试之时已不再是本校学生。另一方面，网络特许学校通常主要对成绩优异者和后进生最有吸引力，所以缺乏一般公立学校的中间层学生平衡学校总成绩。因此，网络特许学校应通过学生个体成绩而非总体学习成绩进步情况来加以评价。

（三）与在家教育关系问题之争

长期以来，许多家长不满意传统公立学校教育质量，将孩子带回家进行在家教育。2010 年美国在家教育学生人数已由 1980 年 20 万上升至 204 万，约占 K-12 学生人数 4%（Martinez，2011）。对在家教育各州有严格的法律限制，一般规定在家教育费用自担，不能获得公共资金资助。因此，网络特许学校常常锁定在家教育者，通过大量邮件或媒体广告极力劝说在家教育者接受网络特许学校教育。在免费课程、免费电脑、上网补贴、专业教育指导以及文凭等多重诱惑下，许多在家教育者最终选择回到网络特许学校。2003 年美国最大的全日制公立网络学校营运商 K12 Inc. 注册的在校生中先前在家教育者多达60%；2004 年加州特许学校招收学生 37,000 名，其中50%来自在家教育家庭（Huerta, Gonzalez & d'Entremont, 2006）。威斯康星州教育厅报告显示，1984－1985 学年度到 2002－2003 学年度在家教育学生数每年呈上升趋势，但随后逐年递减，由 2003 年 21,288名减少到 2008－2009 学年的 19,358 名，降幅 9.1%。报告认为在家教育人数减少与网络特许学校可能有关（DPI, 2010）。

网络特许学校与在家教育的这种关系招致诸多非议。反对在家教育者认为网络特许学校就是在家教育，网络特许学校利用公众资金资助在家教育，"实质上为在家教育者设立了一个'后门'择校券机制"。2004 年教育部为阿肯色州拨款 400 万美元筹建一所网络特许学校，有人就指责联邦政府牺牲公立学校利益资助在家教育。代表公立学校利益的美国最大教育工会组织 NEA 政策分析师 Barbara Stein 认为，"看到资金从公立学校流出转而支持营利性公司帮助父母进行在家教育似乎有公共资金使用不当之嫌"。在家教育者重返公立学校，耗费学区预算资金，许多学区深表不满，有的走上法庭"维权"，挑战网络特许学校的合法性。科罗拉多等州特许学校法甚至明令禁止网络学校招收先前在家教育者和私立学校学生。

越来越多的在家教育者走入网络特许学校使极力主张在家教育的人士和机构深感焦虑。在家教育法律维权协会、在家教育自由网等认为，网络特许学校的宣传故意模糊在家教育与公立性网校的本质区别，误导、欺骗公众，使部分在家教育者相信这种公立教育也是在家教育。网络特许学校正在侵害在家教育基本自由权，必将最终改变公众对在家教育的认识与界定。在他们看来，网络特许学校与在家教育虽然都在家中学习，但有本质区别。在家教育者父母是孩子教育的唯一指导者和责任人，而网络特许学校学生虽在父母监督下学习，但为学业负责的不再是父母而是学校教师和州政府。在家教育者一旦进入网络特许学校，所有学习活动都将置于州政府管理之下，他们最珍视的自由权和独立性也将不复存在。在家教育法律维权协会警告称，网络特许学校将对公众和立法者对在家教育这一概念的理解产生负面影响，一旦网络特许学校被接受为在家教育，在家教育者更难让立法者将二者分开，更难获得法律保护，最终只能像网络特许学校一样接受州政府的管理。加拿大在家教育者已有前车之鉴。

在家教育者另一个担忧是网络特许学校糟糕的教育质量。多项研究表明在家教育青少年学业成绩优于传统公立学校学生（Klein，2006:10）。在家教育者担心将在家教育与网络特许学校混为一谈势必严重威胁在家教育的声誉与未来。

（四）社会互动之争

社会互动是学校教育的一项重要内容。传统学校除了完成教学计划中的教学内容，还会教授基本社交技能，这在学生走向社会后比知识更重要。有人认为，网络特许学校学生活动范围主要集中在家中，在电脑前学习缺乏社会互动，这种"与世隔绝"式的学习方式会让学生丧失社交技能和现实世界生存能力。尽管学校努力为学生提供更多的社会互动机会，反对者仍然认为网络教学中的社会互动无论数量还是质量都无法满足学生社交技能培养需要。美国学校社交技能教育项目 SocialSmart 负责人 Corinne Gregory 指出，美国已有太多学龄儿童缺乏适当的社交技能，网络学习只会使问题变得更糟。她认为，真实人际互动中的眼神、语调等要素都是网上很难模拟的，况且模拟终归是模拟，即便最先进的技术也无法取代面对面的人际互动（Abraha，2010）。

支持派认为，网校一直在为学生创造尽可能多的社会互动机会与条件，网校学生并不像人们想象的那样缺少社会交往。网络学校积极创建以技术为媒介的虚拟学习社区，为学生提供大量网上人际交流机会，而且有些学生发现网络环境下进行社会互动、参与学习活动比传统课堂更容易。为了加强虚拟社区成员间的社会联系、亲和性和社区意识等，许多学校还经常组织参观、田野旅行、亲子郊游活动，成立读书、诗歌、棋类俱乐部，提供面对面交流平台。有的学校还设立区域性办公室为学生进行辅导或采用混合教学模式。威斯康星州教育厅报告显示，96.9%的父母对该州网络特许学校的社会互动表示满意（DPI，2010）。这说明网络特许学校并不缺乏社会互动。

四、网络特许学校发展前景

网络特许学校自 1994 年诞生以来在质疑声中发展壮大，招生人数逐年攀升（图 2）。基于以下理由我们相信网络特许学校未来发展前景广阔。

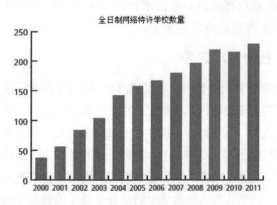

Center for Education Reform Data, January 2012

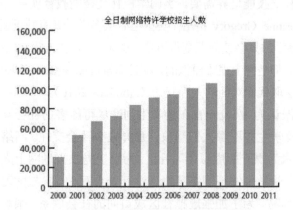

Center for Education Reform Data, January 2012

（来源：http://www.inacol.org）

图 2　2000－2011 年全日制网络特许学校数量和招生人数

（一）美国政府高度重视网络等现代技术在教育中的作用

美国教育部明确指出基于技术的教育改革是保持美国在全球经济竞争中领先地位的最根本性措施，并先后四次发布了《国家教育技术规划》。教育部官网题为"e-Learning Frameworks for NCLB"的白皮书指出：网络学习友好型环境对于学校提供 21 世纪教育是十分必要的……各级教育部门必须制定长远政策，使网络学习常态化。继 2006 年密歇根州率先规定高中毕业生必须有网络学习经历后，阿拉巴马、佛罗里达、爱德荷、弗吉尼亚、西弗吉尼亚、佐治亚等州相继出台类似规定。

（二）网络特许学校符合美国基础教育改革思路

受新自由主义影响，美国政府目前针对基础教育的改革主要基于市场竞争理论。从择校券、特许学校到网络特许学校，政府的目的都是要增加学生对学校的选择，打破过去公立学校"吃皇粮"的教育垄断地位，引入并确立基础教育市场竞争机制，利用学生合理流动致使公立学校资金流失反逼其提高教育质量和办学效率。

（三）美国教育现实需要发展网络教育提高教育生产力

随着美国经济由制造业更多转向知识型产业，快速增长的就业岗位中约 90%都需要高等教育人才。然而美国公立高中毕业率只有 70%，能够上四年制本科的学生仅占 32%（Watson & Johnson，2011）。针对教育滞后经济的现状，奥巴马政府提出到 2020 年使高校毕业生人数从占人口总数的 39%提高到 60%。

然而，目前各州财政吃紧，加之联邦救市计划后续拨款所剩不多，削减教育经费已成为各州普遍做法。2012 年财政预算超过 38 个州大幅削减教育经费，伊利诺伊州和威斯康星州削减公立学校总拨款幅度甚至高达 11%和 8%。要解决资金短缺与提高教育生产力这一矛盾，美国政府就必须大力发展网络教育，因为网络教育可以在九大方面促进教育生产力的提高（U.S. DoE，2012）。

（四）网络特许学校引领、推动网络教育的示范辐射效应已初步显现

作为技术与创新的复合体，美国政府对网络特许学校寄予厚望。宾州教育厅门户网站明确指出："特许学校法的核心思想是网络特许学校将为所有宾州学校充当创新实验室的作用。"虽然现在不能说网络特许学校十分成功，但它推动网络教育发展的效应已初见端倪。许多学区或迫于网络特许学校构成的生源竞争压力，或认识到网络教育的价值，开始重视并推出自己的网络学校和课程。

（五）网络特许学校的社会地位不断提升

长期以来，美国国防部将高中毕业生分为 Tier 1 和 Tier 2 两类：前者指传统学校毕业生，后者指网络学校等非传统学校毕业生。国防部将每年 Tier 2 类毕业生招收比例严格限制在征兵总数的 10%。2012年正式签署的《国防授权法案》规定网校毕业生应征入伍与传统学校毕业生一视同仁。这一政策必将大幅提升网络特许学校学生的社会地位和认可度，使有志入伍的学生可以毫无顾忌地选择这一新型学校。

随着网络特许学校的迅猛发展，美国高校也对招收此类学校毕业生表现出浓厚的兴趣。宾州网络特许学校网站称，2010 年有 20 多所大学参加该校组织的大学招生咨询会。宾州 21 世纪网络特许学校网站信息显示，其历届毕业生很多被耶鲁大学、康奈尔大学、麻省理工学院、珀杜大学等一流高等学府录取。

地位的逐步提升也增强了网络学校对学生和家长的吸引力。加州网络学院起初主要吸引的对象是在家教育者，而今在家教育者占该校学生人数比例不足 20%，约有 70%的学生来自公立和私立学校，学生保留率高达 80%（Klein，2006:175）。在少数对网络特许学校发展严加限制的州，人们要求放宽甚至取消限制的呼声也日益高涨。

参考文献

[1] Abraha, Weintana. 2010. Cyber Charter Schools: The End of Public Education or a New Beginning[EB/OL]. http:// madamenoire. com/, 2012-03-06.

[2] Braunlich, C. N. 2011. Students without Borders: Funding Online Education in Virginia[EB/OL]. http://www. thomasjeffersoninst. org/, 2012-03-04.

[3] Carr-Chellman, A. A. & R. M. Marsh. Pennsylvania Cyber School Funding: Follow the Money[J]. TechTrends, 2009(4):49-55.

[4] CREDO. 2011. Charter School Performance in Pennsylvania [EB/OL].[2012-03-04] http://credo.stanford.edu/

[5] DPI. 2010. Virtual Charter Schools: An Evaluation[EB/OL]. [2012-04-23]http://legis.wisconsin.gov/

[6] Huerta, L. A., M. F. Gonzalez & C. d'Entremont. Cyber and home school charter schools[J]. Peabody Journal of Education, 2006(1):103-039.

[7] Klein, C. Virtual Charter Schools and Homeschooling[M]. N.Y: Cambria Press, 2006. 10,175.

[8] Kurutz, D. R. 2009. Cyber Schools Hang in Balance[EB/OL]. [2012-03-06] http://www.pittsburghlive.com/

[9] Layton, Lyndsey & Brown Emma. 2011. Virtual schools are multiplying, but some question their educational value[EB/OL]. [2012-03-04] http://www.washingtonpost.com/

[10] Martinez, Alexandra. 2011. Why homeschooling grew 919% in 30 years[EB/OL]. [2012-01-10] http://parentables.howstuffworks. com/

[11] Murphy, Frank. 2011. Cyber Charter Schools Receive Lion's Share of School Funds[EB/OL]. [2012-03-04] http://cityschoolstories.com/

[12] U.S. DoE. 2012. Understanding the implications of online

learning for educational productivity[EB/OL]. [2012-08-04] http://ctl.sri.com/

[13] Watson, J. & L. K. Johnson. Online Learning: A 21st century approach to education[A]. In G. Wan, D.M. Gut(eds.), Bringing Schools into the 21st Century[C]. N.Y: Springer Science, 2011:205-223.

创造积极的创业环境

——法国企业孵化器现状及现行扶持政策[①]

Create a positive entrepreneurial environment

—Current situation of business incubators and supporting policies in France

陈　静

摘　要：国家创新能力是当今和未来的一个基本要素，企业孵化器建设及促进创新发展的各项政策措施起着至关重要的作用。法国政府特别关注如何通过政府、专业机构、教育研发机构、民间网络等各个层面，整合各类资源，完善创新机制，进一步创造积极的创业环境，促进创新驱动发展。本文通过对法国企业孵化器和相关扶持技术创新政策的分析，进一步探讨法国在这方面的成功经验和做法，希望能为国内同行提供借鉴和参考。

关键词：企业孵化器；创新扶持政策；创业环境

Abstract: The capacity of a country to innovate is a fundamental element for today and for the future, and the construction of business incubators and the factors contributing to innovation are considered as determiners. The French government grants it a particular attention to

---

①此文发表于《华东科技》杂志，总第 338 期，2014 年 4 月出版。

how to integrate various resources, to improve the innovation mechanisms and further to create a positive entrepreneurial environment by working together the government, professioual institutions, educational research and development institutions, and non-governmental networks. From the analysis of the French business incubators and the policies for supporting the technological innovation, we explore the successful experience and practice of France, hoping to provide reference for the counterparts in China.

Key words: business incubator; innovation policies; entrepreneurial environment

法国目前有 28 家孵化器正在运营中。这些孵化器主要是在法国 1999 年颁布的《创新与研究法》的框架下，由一些高等教育机构和科研机构设立的。他们不仅分布在法国本土，还有留尼旺（la Réunion）和圭亚那（Guyane）两个海外省。其中大多数是涉及 2～3 个主要专业的综合孵化器，有三家是专业孵化器，包括 2 家卫生领域专业孵化器（位于巴黎的 Paris Biotech Santé 和位于 Nord-Pas-de-Calais 的 Eurasanté）和一家数字化专业孵化器（位于马赛的 Belle-de-Mai）。孵化器的主要任务是推动以公立研究（或是与公立研究相关的）成果为核心的创新企业的建立。孵化器为企业提供的服务主要涵盖培训、指导、融资等方面，具体包括：提供孵化场地和设施；提供基础性服务（物业管理、办公服务、信息等）；提供专业培训；配备创业辅导员，提供科技服务、管理咨询服务、可行性研究等；投、融资服务；培育创业人才；协助组建创业团。

2000 年至 2013 年底，总计有 3735 个创新企业项目在孵化器内得到孵化，其中约 41% 的项目来自公立研究，38% 是与公立研究机构合作的研究成果。同时，在此期间，通过这些项目设立的公司数量达到了 2500 家，目前的存活率达到 84%。这些孵化项目的学科分布为：

- 生命科学：28%；
- 生物技术：3.4%；

- 计算机与通信技术：34.2%；
- 工程科学：29.8%；
- 人文与社会科学：4.6%。

为了进一步推动孵化器的发展，加快成果转化和促进创新企业的建立，加强对技术创新的支持，法国政府出台了一系列的激励措施，主要包括：推出鼓励学生创业的激励措施；设置两种新的企业形式：初创型创新企业和初创型大学企业；举办国家级创新型科技企业创业大赛等，力争创造积极的创业孵化环境，为有志创业的人士提供优惠的创业政策。

1. 鼓励学生创业的激励措施

为了鼓励在校学生和毕业生进行自主创业，法国高等教育与研究部自 2009 年期强化了一系列措施，包括建立创业负责人制度、设立学生创业中心、在大学内推进青年企业家协会的设立等。

创业负责人制度：法国工业部和法国高等教育与研究部在 2009 年底共同发起了高等教育机构创业发展计划。这一计划的主要目的是增强学生的创业意识，鼓励创新，提升职业能力。整个计划包括三大部分，即增强创业意识、开展创业培训、强化创业指导，这些内容将逐步贯穿于高等教育的整个教学阶段，不分行业与专业。2010 年继而推出了一系列在高等教育机构内推动创业活动的措施，这些措施的整体实施由一名指定的全国协调员负责，其主要任务包括确保现行针对学生创业的不同措施之间的衔接、协调与整合，并提出相应的优化建议等。同时自 2010 年开始，每个高等教育机构内任命一名创业辅导员。辅导员与设立在大学内部的就业指导办公室合作，其主要任务是鼓励学生的创业活动，并使学生了解进行创业活动可能获得的帮助。2011 年，法国共计任命了 300 名创业辅导员，构成了一个覆盖全法国的高等教育就业指导网络，通过这一网络实现了经验的交流与共享。

设立学生创业中心：2010 年，由法国工业部、高等教育与研究部、法国信托局（caisse des dépôts et consignations）启动了项目征集，最终有 20 个学生创业中心（pôles entrepreneuriat étudiants）成功入选，获得了 2010—2013 年度 300 万欧元的资金。学生创业中心的目标是为在校学生和应届毕业学生提供创业指导。这些创业中心通常设立于高等教育机构与研究中心内，联合了高等教育机构（大学、工程师学校、商校等）、经济体和协会网络（创业支持网络、公立和私立孵化器、出资机构、中小企业网络等）。从 2010 年新学期开始，学生创业中心采取各项联合措施支持学生创业活动，这些措施包括创业宣传、创业培训和创业指导（活动组织、学术支持、学生创业者咨询与指导、学生孵化器设立等）。

开办青年企业家协会：从 2010 年开始，在法国青年企业家联合会的大力支持下，每所大学内都设立了青年企业家协会。协会在一些精英类大学得到了很好的发展，为学生提供了完善的相关培训，取得了预期的效果。青年企业家协会旨在通过一系列与企业相关的活动，提高学生的学科技能和职业技能，提升学生企业在企业界的知名度。学生创业计划推出以来，设立在大学内的青年企业家协会的数量增长了三倍。到目前为止，总数达到了 45 家，占法国青年企业家联合会下属各类协会的 30%。

为了进一步优化创业环境，增强学生创业意识，扶持创业行动，法国高等教育与研究部在 2013 年底再次推出了鼓励大学生创业行动计划，并制定了相应的目标，即：

● 在四年之内，由学生创建的企业数量达到两万个。

● 进一步增加针对高校创业活动的服务内容，加大扶持力度。

● 将创业培训列入高等教育教学内容，构建创业文化氛围，提高创业能力、抗风险能力、团队合作能力、跨学科能力等。

教育与研究部同时提出了以下四项具体措施。

第一，从高等教育本科阶段开始，在所有学科全面推广创业和创新的相关培训。即在本科、硕士和博士阶段，针对所有学生开设创业课程的相关内容，并设立相关的新文凭："创业与项目管理"和"创新管理"。

第二，启动项目征集，组建三十家学生的创新、成果转化与创业中心（简称 PEPITE，即学生创业中心）。此次项目征集活动将历时四年，即 2013－2016 年，目的是组建 30 家学生创业中心。根据 2013年 4 月在斯特拉斯堡签订的相关协议，高等教育与研究部联合法国信托局，将加大对项目征集的扶持力度。此次活动获得的资金支持不仅来源于中央政府的相关部门，更有地方政府和私营机构的积极参与。候选项目的选拔从 2014 年 1 月开始已经展开。学生创业中心将为在校学生和毕业学生提供创业指导，整合各类相关机构，如高等教育机构、经济体、协会网络等，采取各项措施支持学生创业活动和校内孵化器的发展。

第三，针对持有创业项目的在校学生和毕业学生设立"学生—创业者"身份。根据这项政策，从事创业活动的在校学生和毕业学生可以通过注册"创新企业设立与创业"（大学文凭）专业，继续保持学生身份，享受相关的学生社保。此外，学生在就读期间的创业项目可以被列入是否可获得文凭的参考依据。

第四，通过"学生创业跳板奖"为优秀的学生创业项目提供资金支持。为了进一步激发学生的创业精神，高等教育与研究部推出了"学生创业跳板奖"。这项活动自 2014 年开始，和前期已经开展多年的法国国家级创新型科技企业创业大赛一样，主要针对学生创业中心内的在校学生和毕业学生。但创业大赛扶持的是"初创—发展"项目和"苗头"型项目，而学生创业跳板奖针对的是所有创新企业设立项目，不仅仅是创新科技。这一活动将为来自学生创业中心的优秀入选项目提供 50 份 10000 欧元或 5000 欧元的奖金，特别突出的三个项目将获得特别大奖。

为了更好地落实上述这些政策，根据 2013 年出台的相关法规，高等教育和研究部将把学生创业列入各大高等教育机构的教学目标和考察内容。

2. 两种新的企业形式：初创型创新企业和初创型大学企业

（1）初创型创新企业

初创型创新企业的概念是在 2004 年为鼓励开展研发活动的中小企业的设立而提出的。开展研发项目，被认定为初创型创新的企业不仅可以享受减税，而且企业高级雇员，如工程师、研究人员的社保支出（企业负担部分）可以获得减免。相关资料显示，到 2010 年，有 2600 家企业享受了相关的扶持政策。这些企业的研发支出达到 7 亿欧元，主要集中在服务行业。初创型创新企业的认定必须满足 5 个条件：中小企业；成立时间不超过 8 年；有用于研发的最低经费；独立的企业；新企业。

初创型创新企业可以享受的减免税待遇包括：减免公司税、免除年包税，另外根据一些地方政策，可免除地方经济捐税和为期 7 年的建筑财产土地税。但所能享受的税收减免总额不得超出欧盟委员会所规定的上限，即每家企业自 2007 年 1 月 1 日开始，在 36 个月内所能享受的税收减免总额不能超过 20 万欧元。此外，初创型创新企业的雇主可以免缴研究人员、技术人员、研发项目主管人员、负责与项目相关的工业保护和技术协议方面的律师以及产品测试前期项目负责人等雇员应缴纳的社保（社会分摊金）。

该项政策自 2004 年正式实施以来，获得了巨大的成功。2010 年，有 2600 家公司享受了此项政策，这些企业投入了 7 亿欧元的研发费用，即相当于员工人数少于 250 人的企业研发活动总经费的 12%。初创型创新企业大多数为小型企业，90%的企业员工人数少于 20 人，开展的研发活动主要涉及服务业。

（2）初创型大学企业

这一企业形式是根据 2008 年的《金融法》设立的，希望以此鼓励高等教育机构内的所有人员，包括学生、教师、科研人员等，进行自主创业。这一特殊的企业形式可以享受大幅度社保和税收方面的减免，帮助企业顺利渡过发展初期的困难。初创型大学企业的认定必须满足 6 个条件：中小企业；企业设立时间不超过 8 年；企业主管（或至少 10%）是在校学生、硕士或博士毕业不满五年的已毕业学生或从事科研、教学工作的其他人员；与高等教育机构有直接联系；独立经营；新企业。

初创型大学企业可以享受的减免税待遇包括：减免公司税，免除年包税，另外根据一些地方政策，可免除地方经济捐税和为期 7 年的建筑财产土地税。但所能享受的税收减免总额不得超出欧盟委员会所规定的上限，即每家企业自 2007 年 1 月 1 日开始，在 36 个月内所能享受的税收减免总额不能超过 20 万欧元。此外，初创型大学企业的雇主和初创型创新企业一样，可以享受相关人员社会分摊金的免缴。同时，企业可以享受研发费抵税政策，并可马上返还。自然人拥有创新企业的股票，转让时获得的利润，在某些条件下，也可减免税。

2009 年，有 4 家企业获得了初创型大学企业的资质。这些企业总共得到了总计 24 420 欧元的减免。

3. 举办国家级创新型科技企业创业大赛

"一起来创新"全国创新型科技企业创业大赛是根据法国 1999 年出台的《创新与研究法》的相关规定，为了进一步推动创新型企业设立、加强对创新活动的扶持力度而推出的一项活动，由法国企业创新协作网（Association Retis）组织开展，得到了法国经济、财政与工业部和法国高等教育与研究部的大力支持。大赛为青年创业者和创新搭设平台, 旨在发掘真正的优秀技术创新项目, 并给予获奖项目研究、技术及资金等方面的支持, 每年都吸引数以万计的创业者积极参加。大赛经费来源于法国研究部与创新署 (OSEO innovation), 面向全社会任何愿意在法国创业的优秀创意和创新项目的持有人, 不管国籍、身份、职业状况均可参加。创业大赛自 1999 年举办以来, 获奖项目成功创办了总计 1476 家企业, 创造了大量稳定的就业机会。

根据项目的成熟度, 参加创业大赛的技术创新候选项目分为两类:(1)"初创—发展"项目, 指那些技术已经相当成熟, 具备创业条件, 短期内即可实现的项目。2012 年度的"初创—发展"型入选项目在企业成功建立后平均获得了 209 492 欧元的政府资助。(2)"苗头"型项目, 指那些仍处在创意阶段、需要进一步成熟以确定其技术和市场以及可行性的项目。

2013 年度的第 15 届创新大赛共有 175 名创业者获奖, 涉及的项目包括 55 个"初创—发展"型项目和 120 个"苗头"型项目。获奖项目中, 13%的项目持有者为女性, 50%获奖者持有博士文凭, 61%的获奖项目来源于公立研究的成果。获奖项目主要集中于两大领域:医学、生命科学与生物技术 (34%) 和信息技术 (32%)

迄今为止, 创新大赛已经成功举办了 15 届, 总计有 19217 个参赛项目, 其中 2885 个入选, 并成功设立了 1476 家企业, 超过 60%的项目来自公共研究, 70%的企业至今仍正常运营。

由此可见, 法国政府对创新企业的扶持是多方面的。不仅从政策角度不断完善科技创业的制度环境, 更是采取了一系列强有力的措施保障政策的实施, 为科技创业企业提供了全过程的支持与服务。

20 世纪我国的澳大利亚文学研究述评①

The Study of Australian Literature in China in the 20th Century

陈　弘

摘　要：20 世纪是中国对澳大利亚文学的译介和批评发生和发展的重要时期，经历了从无到有、从单一到丰富、从表层到深入的过程，其发展尽管与中国本身的社会政治发展不无关系，但更与澳大利亚自身国际地位的变化和澳中关系的发展密切相关。

关键词：澳大利亚文学；中国澳大利亚研究；外国文学研究

Abstract: The 20th century was an important period in which the translation, introduction and criticism of Australian literature burgeoned and started to flourish in China. This period has witnessed the development from nothing to diversity, from single to ample and from the surface to depth in the understanding and appreciation of Australia's literature. Although this progress is related to the social and political transformation of China itself, it is more closely related to the changes of Australia's international status and the development of Australia-China relations.

---

① 本文发表于《华东师范大学学报》（哲学社会科学版）2012 年第 6 期。

Key words: Australian literature; Australian studies in China; studies of foreign literature

澳大利亚文学是英语文学中的一个重要组成部分，20 世纪以来，澳大利亚文学的国际地位日渐提高。许多澳大利亚作家享有较高的世界声誉，获得过包括诺贝尔文学奖和英国布克奖等重要国际文学大奖。对于澳大利亚文学的研究已经不仅仅局限于澳大利亚国内。澳大利亚文学评论家拉拉·凯恩（Lara Cain）指出的，"目前，国际上对于通过文学所展现的澳大利亚新形象具有巨大的热情"（Cain，2001:1）。在我国，对于澳大利亚文学的译介和研究经历了一个从无到有、从单一到丰富、从表层到深入的发展过程，是一个"来之不易的成功"（Wang Huanglin, 2011）。

一、《五洲图考》和《澳洲历险记》：澳大利亚文学的前研究

进入 20 世纪之后的中国，对于西方的了解是一个缓慢的过程。五四运动以前，我国对于海外文化地理的了解大多止于皮毛。据笔者调查，最早的与澳大利亚有关的出版物，是清光绪二十八年（1902年）由上海徐家汇印书馆印行出版的《五洲图考》。该《图考》由龚柴、许彬编著，其中载有亚洲、欧洲、墨洲（美洲）、斐洲（非洲）和澳洲等各洲总图，以及各国分图、中国分省图等。虽然各图绘制较粗略，但均附详细图说。次年，即光绪二十九年，沈恩孚编辑的《澳大利亚洲志译本》，被编为《皇朝藩属舆地丛书》的第 16 册，由金匮浦氏静寄东轩出版，这是我国出版的第一部介绍澳大利亚风土文化的书籍。

1914 年，上海商务图书馆出版日人樱井彦一郎的冒险小说《澳洲历险记》，由金石，褚嘉猷译述，被收入《说部丛书·初集》。1915

年，该小说又被收入《小本小说》丛书再版。虽然该小说不是澳大利亚文学作品，但是它使得大众对澳洲这个南方神秘大陆有了一定的了解。

五四运动推动了各种新思潮、新学说进入我国学术界。随着国人与西方接触增多，译家们开始更多地翻译介绍与澳大利亚有关的书籍。但是，这些书籍主要还是局限于对于澳大利亚历史和风土人情的介绍。

我国对澳大利亚开始加强重视是在抗日战争爆发后。当时的国民政府开始对澳大利亚在太平洋战场上的作用进行研究和评估，在战争中的角色和作用进行分析。如 1942 年桂林远方书店出版的郑飞著的《烽火中的澳洲》对战争时期澳大利亚的诸方面进行了介绍。1944 年，重庆商务印书馆出版骆介子著《澳洲建国史》（该书 1945年再版，1946 年由上海商务印书馆重版），这是我国出版的第一部由我国学者编撰的澳大利亚历史。此书的出版，标志着我国学界对于澳大利亚的研究已经从译介进入独立研究阶段。这为今后我国澳大利亚研究的发展奠定了基础。

综上所述，解放以前，我国对于澳大利亚文学几乎没有任何研究和介绍，我国知识分子当时注重了解、介绍和评论的对象主要是欧、美、日本等地文学，从以欧美文学为代表的西方文学中汲取养料。而与此同时，当时的澳大利亚文学在世界文坛上也不占有较高的地位。就连在西方国家，对之也了解甚少。因此，我国最早对于澳大利亚的了解，便仅局限于对其地理、风光的介绍。虽然其中也不乏对其文化艺术的简介，但无论在深度和广度上都十分肤浅、有限。抗战期间，尤其是太平洋战争爆发后，澳大利亚的战略地位和重要性受到了我国政府和民间的重视。随着对澳大利亚国力和军力的不断认识，人们也开始进一步了解其社会、文化诸方面情况，这为日后我国学者对于澳大利亚文化和文学的研究奠定了基础。

二、左翼作家和《人民日报》——澳大利亚文学研究的起步

建国时，我国对澳大利亚文学的译介和研究工作几乎是一片空白。我国出版的第一部与澳大利亚有关的著作，是上海劳动出版社1949年出版的《亚洲澳洲国家介绍：国际知识》，收入进《劳动丛书》。同年，在同一系列丛书中还收有《亚澳工会会议介绍》。两部著作均未注明著者名字。此外还有中华全国总工会编《亚洲澳洲各国工运介绍》（工人出版社，1949年）。当时新中国的文化建设，主要以苏联文化为模式。因此这些与澳大利亚有关的著作大多是对苏联学者的澳大利亚政治社会论述的翻译。通过编译苏联对澳大利亚社会、政治、文化乃至文学的介绍与研究，"为之后（国内）对澳大利亚进步与左翼作品对关注与兴趣铺平了道路"（Ouyang Yu 2011a）。

在文学翻译方面，受当时政治气候的影响，介绍到我国的澳大利亚文学作品大多因应当时的政治需要。1953年，第一部澳大利亚小说在我国翻译出版。这是曾获列宁和平奖的詹姆斯·阿尔德里奇（James Aldridge）的《外交家》（*The Diplomats*），于1953年由上海出版公司出版（三卷本，刘如、江士晔译）。同年，上海文化工作社也另行组织翻译出版了该书（上下二册，于树生译）。这部小说详尽、细致地描写了英、美、苏三国在中东石油问题上展开的较量。次年，于树生译的佛朗克·哈代（Frank Hardy）的《幸福的明天》（*Journey into the Future*）由上海文艺联合出版社出版。佛朗克·哈代曾加入澳大利亚共产党，是一位激进的左翼小说家，这是他访问苏联后的游记。叶封、朱惠译的哈代的长篇小说《不光荣的权力》（*Power without Glory*）则于1954年由上海新文艺出版社出版。这是一部描写澳大利亚政界权金交易的黑幕小说。他的中篇小说《我们的道路》（*The Tracks We Travel*）由李名玉译，于1959年由上海文艺出版社出版。

此后，我国继续不断翻译出版澳大利亚长篇小说和戏剧作品，主要还是左翼作家的作品。包括：维尔福雷德·贝却敌（Wilfred Burchett）

的《变动中的潮流》（*The Changing Tide*，1956 年，新文艺出版社）、
迪姆芙娜·古沙克（Dymphna Cusack）的三幕话剧《太平洋上的乐
园》（*Pacific Paradise*，1957 年，中国戏剧出版社）、莫娜·布兰德
（Mona Brand）的三幕话剧《宁可拴着磨石》（*Better A Millstone*，1957
年，中国戏剧出版社）和《大地上的陌生人》（*Strangers in the Land*，
1957 年，中国戏剧出版社）、拉尔夫·德·波西埃（Ralph de Boissière）
的《王冠上的宝石》（*The Crown Jewel*，1958 年，作家出版社）、杰
克·林赛（Jack Lindsay）的《被出卖了的春天》（*The Betrayed Spring*，
1955 年，平明出版社；1957 年，上海新文艺出版社。此书的英汉对
照节选本于 1960 年由商务印书馆出版）、凯瑟琳·苏珊娜·普里查德
（Katharine Susannah Prichard）的《沸腾的九十年代》（*The Roaring
Nineties*，1959 年，人民出版社），朱达·华登（Judah Waten）的《不
屈的人们》（*The Unbending*，1959 年，新文艺出版社），哈代的《赛
马彩票》（*The Four-legged Lottery*，1962 年，上海文艺出版社），以
及阿尔德里奇的另四部作品，《海鹰》（*The Sea Eagle*，1955 年，作家
出版社）、《猎人》（*The Hunter*，1958 年，新文艺出版社）、《光荣的
战斗》（*Signed with Their Honour*，1959 年，上海文艺出版社）和《荒
漠英雄》（*Heroes of the Empty View*，1959 年，上海文艺出版社）。这
些作品的特点，是它们大多反映了资本主义社会的阴暗面以及劳动人
民生活的艰辛。1958 年由上海少年儿童出版社出版的于树生译澳大
利亚儿童文学作家里斯（Leslie Rees）的《小脚趾水中旅行记》（*Digit
Dick on the Barrier Reef*）是国内出版的第一部澳大利亚儿童文学作
品，描写了澳大利亚昆士兰沿海大堡礁的奇异风光。

同时，澳大利亚的短篇小说也得到了翻译介绍。包括凯瑟琳·苏
珊娜·普里查德、佛朗克·哈代、约翰·莫利逊（John Morrison）、
亨利·森（Henry Lawson）等作家的短篇作品在国内的外国文学杂志
上发表。报告文学方面，贝却敌的反映越南抗法战争的纪实作品《十
七度线以北》（*North of the 17th parallel*）由世界知识出版社于 1956
年出版。1958 年，贝却敌的《沿湄公河而上》（*Mekong Upstream*，
作者名译作柏契特）亦由该社出版，这是一部描写作者在柬埔寨和老

拽采访活动的游记作品。

1956 年 10 月 5 日，《人民日报》发表了一篇《澳大利亚文学概况》。这是国内第一篇介绍澳大利亚文学的评论文章，标志着我国澳大利亚文学评论开始萌芽。

1960 年，两部澳大利亚短篇小说集，即亨利·劳森的《把帽子传一传》（*Send Round the Hat*，人民文学出版社。袁可嘉等译）和朱达·华登的《没有祖国的儿子》（*Alien Son*，新文艺出版社。赵家璧译）也在 1960 年翻译出版。

"文化大革命"的爆发使得我国的外国文学研究骤然中止。从 60 年代中期开始到 70 年代初，除翻译出版有少量科技书籍和政论文选外，我国的澳大利亚研究几乎完全停滞。

三、从"九人帮"到澳大利亚研究中心的崛起：澳大利亚文学译介的新起点

1972 年，我国同澳大利亚正式建立了外交关系。为进一步增进中澳两国人民的相互了解，澳大利亚历史学家曼宁·克拉克（Manning Clark）的《澳大利亚简史》（*A Short History of Australia*）由广东人民出版社于 1973 年组织中山大学有关专家翻译并出版。1975 年，南开大学经济研究所世界经济研究室编写的《澳大利亚经济》由人民出版社出版。此外，也有一些科技书籍继续得到出版。但是，在"四人帮"被粉碎、"文革"结束之前，国内对于澳大利亚文学的研究和介绍没有恢复。

改革开放后，我国的外国文学研究又获得了新生。澳大利亚文学研究和译介也迎来了春天。1978 年，人民文学出版社出版了刘寿康等翻译的《劳森短篇小说集》。同年，安徽大学成立了大洋洲文学研究所。该所编译的《大洋洲文学》丛刊不定期地介绍澳大利亚、新西兰和南太平洋岛国的文学作品。

　　1979 年，我国开始恢复向国外派遣公费留学生。首批赴澳留学生在全国各大高校的英语教师中选拔。九名国内高校的优秀教师被派往悉尼大学攻读硕士学位。他们包括北京外国语学院（现北京外国语大学）的胡文仲、华东师范大学的黄源深和北京大学的胡壮麟等，被谑称为"九人帮"。在欧阳昱对黄源深的采访中，黄源深回忆道：他们被教育部公派赴澳留学的初衷是学习英语语言和文学，但是，在包括悉尼大学里奥尼·克拉默（Leonie Kramer）等教授的指导下，这九人中的一部分开始对澳大利亚文学进行系统、全面的研究（Ouyang Yu，2011b）。

　　经过两年的学习，这九位留学生回国，成为国内高校英语语言和文学研究和教学的中坚力量。20 世纪 80 年代初，北京外国语学院和华东师范大学分别率先成立了澳大利亚研究中心，向本科生开设澳大利亚文学课程。华东师范大学于 20 世纪 80 年代中期招收了国内第一位澳大利亚文学研究专业的硕士研究生。

　　随着澳大利亚文学教学在我国的广泛开展，澳大利亚文学的研究翻译工作也获得了丰硕成果。在 1980 至 1989 年之间，国内翻译出版的澳大利亚长篇小说包括莫里斯·韦斯特（Morris West）的《火蛇》（The Salamander，1981 年，江苏人民出版社，曼罗译）、凯蒂（原名凯瑟琳·"凯蒂"·埃德蒙兹，Catherine "Caddie" Edmonds）的《凯蒂》（Caddie: a Sydney Barmaid，1981 年，新华出版社，达苑华译）、《荆棘鸟》（The Thorn Birds，1983 年，漓江出版社，晓明、陈明锦译。此书后由曾胡重译，1990 年由文化艺术出版社、1998、1999、2008、2010 年由译林出版社出版）、伊丽莎白·卡塔（原名伊丽莎白·片山，Elizabeth Katayama）《蓝天一方》（A Patch of Blue，1983 年，上海译文出版社。唐正秋译）、戴维·马丁（David Martin）的《淘金泪》（A Chinese Boy，1984 年，中国文艺联合出版公司。李志良译）、艾伦·马歇尔（Alan Marshall）的《独腿骑手》（I Can Jump Puddles，1985 年，江苏少儿出版社，黄源深、陈士龙译。后由原译者重译并更名为《我能跳过水洼》，由人民文学出版社于 2004 年出版）、罗尔夫·博尔德沃德（Rolf Boldrewood）的《空谷蹄踪》（马克思，1985 年，湖南人民出版社。张文洁、王黎云译）、马库斯·克拉克（Marcus Clarke）的《无期徒刑》（*For the Term of his Natural Life*，1985 年，湖南人民出版社，陈正发、马祖毅译）、肯尼斯·库克（Kenneth Cook）的《惊醒》（*Wake in Fright*，1986 年，江苏人民出版社，黄源深译）、罗素·布拉顿（Russel Braddon）的《她的代号"白鼠"》（*Nancy Wake: The Story of a Very Brave Woman*，1986 年，湖南人民出版社，林珍珍、吕建中译）、帕特里克·怀特（Patrick White）的《风暴眼》（*The Eye of the Storm*，1986 年，漓江出版社，朱炯强等译）、托马斯·基尼利（Thomas Keneally）的《吉米·布莱克史密斯的歌声》（*The Chant of Jimmy Blacksmith*，1988 年，安徽文艺出版社）、迈尔斯·弗兰克林（Miles Franklins）的《我的光辉生涯》（*My Brilliant Career*，1989 年，江西人民出版社，黄源深、王晓玉译）等。第一部《澳大利亚短篇小说选》由刘寿康编选，于 1982 年由人民文学出版社出版。次年，商务印书馆出版了胡文仲选注的《澳大利亚短篇小说选集》的英文注释本。

1986 年，黄源深编选的《澳大利亚文学作品选读》由湖南教育出版社出版。这是国内首次出版的系统介绍澳大利亚文学的选集，是我国在澳大利亚文学研究方面迈出的重要一步。悉尼大学校长、澳大利亚文学权威里奥尼·克拉默教授对该书做了很高的评价，认为编者"是一位非常可靠的澳大利亚文学向导，他把主要作家都选入了书内……还显示了他卓越的判断能力和机智敏慧"。该书"提供了（澳大利亚）文学发展历史的概貌"，是"人们学习澳大利亚文学的一部十分有用的教科书"（黄源深 1997：第 V-VI 页）。我国著名外国文学教授王佐良认为"《澳大利亚文学选读》是一部好选本，'概要'和每个选目下的'关于作者''作品简析'和'注解'也都很好，顾到了特点、难点，而又要言不烦，十分清楚，对于想对澳洲文学有个初步了解的英语学生，用处很大"（转引自黄源深 1995：第 5-6 页）。《选读》对作者、作品的选择可谓煞费苦心，以帕特里克·怀特作品为例，编者选取其代表作《沃斯》中探险家沃斯率队出征的场景，反映了怀特作品最显著的特点。自出版以来，该《选读》是国内高等院校《澳大利亚文学》课程所采用的主要教材，曾获全国高校外国文学教学研究会优秀教材奖。1989 年，另一部《澳大利亚文学选读》由郝振益编选，江苏人民出版社出版。

诗歌方面，众多澳大利亚诗人的作品被翻译过来，发表在各种文学刊物。同时被译介的还有一些澳大利亚戏剧，其中，杰克·希巴德（Jack Hibberd）的《想入非非》（*A Stretch of the Imagination*）被胡文仲翻译成中文，并在北京、上海等地搬上了舞台。

和五六十年代译介的澳大利亚文学作品相比，这一阶段翻译出版的作品在题材、体裁和风格上百花齐放，既有经典传统的作品，也不乏前卫现代的实验文学，也有通俗流行的畅销作品。

在文学研究方面，关于澳大利亚文学的评论文章在《外国文学报道》《文艺论丛》《外国文学研究》《外国语》《世界文学》《译林》《环球文学》《小说界》《外国文艺》等文学刊物上大量发表。胡文仲关于澳大利亚小说家帕特立克·怀特的介绍、黄源深关于当代澳大利亚小说的论述等为我国读者全面、深刻了解澳大利亚文学起了重要作用。如黄源深发表于 1985 年的《当代澳大利亚小说流派》，全面梳理了当代澳大利亚小说发展的脉络和轨迹，总结出当代澳大利亚小说传统派、怀特派、新派三大主要流派。这一分类方法科学、精当，成为理解当代澳大利亚小说发展的指南。

1986 年，中国澳大利亚研究会成立，胡文仲（北京外国语学院）任会长，黄源深（华东师范大学）、魏嵩寿（厦门大学）、殷汝祥（南开大学）任副会长。1988 年，中国第一届澳大利亚研究国际学术讨论会在北京外国语学院召开。这标志着我国澳大利亚研究走上了正规化发展的道路。

综上所述，80 年代，我国澳大利亚文学研究、翻译、评论、教学蓬勃兴起。这为刚刚从"文革"禁锢中解脱出来的我国外国文学爱好者了解丰富多彩的海外文学开辟了一个崭新天地。

四、双年会与《澳大利亚文学史》: 澳大利亚文学研究的纵深发展

进入 90 年代以来，我国的澳大利亚文学研究得到更深更广的发展。拥有澳大利亚研究中心的国内高等院校和研究机构包括北京外国语大学、华东师范大学、安徽大学、南开大学、厦门大学、苏州大学、中山大学、杭州大学（现浙江大学）、上海社会科学院、中国社会科学院、洛阳解放军外国语学院、北京对外贸易经济管理干部学院、河北大学、徐州师范大学、上海理工大学、中国人民大学、北京大学、西安外国语学院和清华大学等。

同时，中国澳大利亚研究国际学术讨论会也成为双年会，分别在北京外国语大学、厦门大学、华东师范大学、苏州大学、南开大学、中山大学和北京大学等地举行。每届年会结束后均出版研讨会论文集。华东师范大学澳大利亚研究中心召开了"帕特立克·怀特作品研讨会"和"澳大利亚在华书籍出版研究学术讨论会"等。"帕特立克·怀特作品研讨会"是我国首次举行地对一位澳大利亚作家进行全面探讨、研究的学术会议，国内外澳大利亚文学研究学者、翻译家出席了这次会议。

我国的澳大利亚文学研究得到了澳大利亚政府和教育机构的重视。澳大利亚外交外贸部所属澳中理事会长期对我国的澳大利亚研究中心提供研究资料和研究基金的资助，同时，该理事会还一方面资助我国学者赴澳大利亚进行学术研究访问，一方面资助澳大利亚小说家、诗人、剧作家和文学评论家来中国，在各高校举行讲座。

澳大利亚的其他政府机构、商业机构也向有关研究项目提供资助，其中包括澳大利亚百年联邦理事会向华东师范大学与澳大利亚大学东卓博（La Trobe University）联合研究项目的资助以及澳大利亚教育部、澳大利亚国卫保险公司（香港）对北京大学澳大利亚研究中心的资助。

在此形势下，我国澳大利亚文学研究获得了巨大的动力。一些澳

大利亚文学名著，尤其是现当代作品被翻译出版，如帕特立克·怀特的《人树》（*The Tree of Man*，1990 年、1997 年，上海译文出版社，胡文仲、李尧译）、《探险家沃斯》（*Voss*，1991 年，外国文学出版社，刘寿康、胡文仲译）、《树叶裙》（*Fringe of Leaves*，1993 年，人民文学出版社。本书后更名为《艾伦》，于 1994 年再次出版。倪卫红、李尧译）、《乘战车的人》（*Riders in the Chariot*，1997 年，内蒙古人民出版社，王培根译）和《镜中瑕疵》（*Flaws in the Glass*，1998 年，三联书店，李尧译），伦道夫·斯托（Randolph Stow）的《归宿》（*To the Island*，1993 年，重庆出版社，黄源深、曲卫国译）、托马斯·基尼利（Thomas Keneally）的《辛德勒名单》（*Schindler's List*，1994 年，内蒙古文化出版社，肖友岚译）和《内海的女人》（*Woman of the Inner Sea*，1996 年，人民文学出版社，李尧译），彼得·凯里（Peter Carey）的《奥斯卡和露辛达》（*Oscar and Lucinda*，1998 年，重庆出版社，曲卫国译）和克莉斯蒂娜·斯台德（Christina Stead）的《热爱孩子的男人》（*The Man who Loved Children*，1999 年，人民文学出版社，欧阳昱译）等。

中短篇小说的编译出版也非常活跃，如张泰金编著的《澳大利亚短篇故事》（1991 年，华东师范大学出版社）、朱炯强、帕斯卡主编的《当代澳大利亚中短篇小说选》（1992 年，浙江文艺出版社）、胡文仲、李尧译《澳大利亚当代短篇小说选》（1993 年，北京出版社）、朱炯强、沈正明编选《世界短篇小说精品文库·澳大利亚、新西兰卷》（1996 年，海峡文艺出版社）等，较全面地展示了当代澳大利亚的短篇小说创作。

20 世纪 90 年代，对于澳大利亚诗歌的译介较以往更加系统全面。除在文学刊物上继续有澳大利亚诗歌的翻译发表外，还出版有多种澳大利亚诗歌选集，主要有：刘新民编译的《澳大利亚名诗一百首》（1992 年，浙江文艺出版社）和唐正秋编译的《澳大利亚抒情诗选》（1992 年，河北教育出版社）。此外，则还有《澳洲诗旅》（1997 年，广东旅游出版社）和《哈特诗选》（1999 年，译林出版社）等。

评论方面，《澳大利亚文学论》（1995 年，重庆出版社。黄源深著)、《澳大利亚文学评论集》(1993 年，河北教育出版社。唐正秋主编)和《澳大利亚当代小说研究》(1994 年，东南大学出版社。叶胜年著)纷纷出版，反映了我国学者在澳大利亚文学研究方面的成果。

1997 年由上海外语教育出版社出版了黄源深的《澳大利亚文学史》和《澳大利亚文学选读》(修订版)，其中《澳大利亚文学史》的修订版于 2014 年 11 月问世。这部《澳大利亚文学史》是我国第一部、也是迄今为止唯一一部澳大利亚文学史。该书洋洋一百余万言，全面、深入地介绍、分析和评价了澳大利亚文学在各个历史时期的发展和演进。这部著作中不乏一个中国学者的创见，以及体现其个性的思想火花。在宏观上，此书的论述面很宽，不但囊括了所有该书的作家，而且还为应当占有一席之地、却常被一些澳大利亚学者所忽视的土著文学、儿童文学和多元文化时代辟了两个专章，并论及多元文化时代的移民文学。对文学思潮和流派的产生、发展和走向的评论也颇有见地，持有准确的大局观。在微观上，作者对具体作家作品的分析，细致精到，持论公允。尤其是对一些主要作家的论述，其详细程度超过了澳大利亚本国人撰写的同类著作。更难能可贵的是，这部《澳大利亚文学史》把澳大利亚文学的发展史一直写到了 2012 年，而澳大利亚本国出版的文学史却大多还停留在 20 世纪末。《文学史》的出版，标志着我国澳大利亚文学研究已经进入全面、系统的阶段。新版的《澳大利亚文学选读》则收入了更多、更新的澳大利亚文学代表作。《澳大利亚文学史》和《澳大利亚文学选读》这两部著作因其资料新、覆盖面广和分析论述深刻，已成为国内澳大利亚文学的研究者和读者的主要参考书。

各高校澳大利亚研究中心的澳大利亚文学教学工作也已初具规模。许多高校的英语系开设了澳大利亚文学课程，培养了众多澳大利亚文学方向的硕士研究生，北京外国语大学和华东师范大学已招收澳大利亚研究方向的博士研究生。

正如黄源深在《澳大利亚文学论》中所指出的："我国的外国文学研究向来以欧洲和美洲为重点……澳大利亚在地理上远离欧美，经济上又够不上超级大国……很长时期成了一个被遗忘的角落。"(黄源深 1995：第 7 页）然而，经过我国几代学者的不懈努力，澳大利亚文学研究终于成为我国外国文学研究的一个重要领域，并在 21 世纪取得更大成就。

参考文献

［1］Cain, Lara, Translating Australian Culture: Literary Representations on the World Stage ［M］. London, Menzies Centre for Australian Studies, 2001

［2］黄源深.澳大利亚文学简论 ［M］.重庆：重庆出版社，1995.

［3］黄源深.澳大利亚文学作品选读 ［M］.上海：上海外语教育出版社，1997.

［4］Ouyang Yu, A Century of OZ Lit in China: A Critical Overview (1906-2008) ［J］. Antipodes, June 2011, Vol.25 No. 1，P65-71, 2011a.

［5］Ouyang Yu, The Professor, The Publisher, The Writer: Three Interviews ［J］. Antipodes, June 2011, Vol.25 No. 1, P72-81, 2011b.

［6］Wang Guanglin, A Hard-won Success: Australian Literary Studies in China ［J］. Antipodes, June 2011, Vol.25 No. 1, P51-57, 2011.

中澳两国煤炭贸易合作研究①

Sino-Australian Coal Trade

杨佩桦②

摘　要:煤炭在中澳两国一次能源消费结构中的占比均高于世界平均水平。中国是世界第一大煤炭生产国和消费国,澳大利亚则是全球最大的煤炭出口国。两国煤炭供需状况、储量与质量、资源分布,以及煤炭运输基础设施、地理位置、政治经济状况等因素构成了双方煤炭贸易坚实的合作基础。随着中澳煤炭贸易的不断深入和多样化,双方的合作将受到多方因素的影响,应采取各种措施保持并拓展两国煤炭贸易合作。

关键词:中澳经济贸易关系;中澳能源合作;中澳煤炭贸易

Abstract: The shares of coal in the primary energy consumption in China and Australia are both above the world's average. China is the largest coal producer and consumer globally while Australia is the world's biggest coal exporter. The solid foundation of Sino-Australian coal trade is constituted by such factors as coal supply and demand, reserves and quality, resource distribution, transportation infrastructure,

① 本文发表于 CSSCI 期刊《亚太经济》, 2013 年第 2 期。
② 本文为教育部人文社会科学重点研究基地重大项目 "中俄与中澳资源合作模式的比较研究"(11JJDGJW006)和上海市浦江人才计划资助项目 "中澳能源合作对中国经济发展的影响"(44880250)的成果之一。

geographical location, and political and economic situations. With the deepening and diversification of Sino-Australian coal trade, the bilateral cooperation is to be influenced by various elements and measures need to be taken to maintain and expand the coal trade between them.

Key words: Sino-Australian economic and trade relations; Sino-Australia energy cooperation; Sino-Australia

　　煤炭在中国和澳大利亚经济中的地位举足轻重。截至 2011 年末，中国和澳大利亚煤炭探明储量排名世界第 3 位和第 4 位，仅次于美国和俄罗斯。2011 年，尽管煤炭在世界一次能源消费结构中处于石油之后的第 2 位，占比为 30.3%，但煤炭却是中澳两国消费量最大的一次能源，在各自能源消费构成中的比例分别高达 70.4%和 40.4%（BP，2012）。鉴于澳大利亚是全球最大的煤炭出口国，以及中国进口煤炭主要来源地之一，研究中澳煤炭贸易合作对保障我国能源供应和促进我国经济发展具有积极意义。

一、中澳两国煤炭贸易合作的基础

　　将两国的煤炭业做比较分析，有利于认识双方煤炭贸易合作的基础。

　　第一，是两国煤炭供需状况的比较。2011 年，全球煤炭产量 39.56 亿吨油当量，其中中国煤炭产量占比 49.5%，澳大利亚为 5.8%，分别居世界第 1 位和第 3 位。同年，全球煤炭消费量 37.24 亿吨油当量，中国煤炭消费量占全球的 49.4%，澳占 1.3%（BP，2012），分别排在世界第 1 位和第 10 位。中澳两国都是煤炭生产和消费大国。

　　煤炭是我国最主要的一次能源，2000 年之后，中国经济进入新一轮高增长期，且日益显著地表现出重化工业特征，以钢铁、有色、化工和建材四大高耗能行业为代表的重工业大大提高了煤炭需求量，因此，改革开放至今，我国的煤炭消费在一次能耗总量中始终占据约 70%的比例。中国"富煤贫油少气"的能源储备特征和进入"重化工业主导型"经济发展阶段的特点，决定了在较长时期内，煤炭在中国一次能源消费结构中占主导地位的格局不会改变（崔民选，2010）。

中国一度是煤炭出口第一大国，进口煤炭只是补缺，一般是进口特殊煤种以填补国内需求短缺。中国的煤炭进口量自 1950 年至 2001 年基本保持在 250 万吨以内，远少于其煤炭出口量，长期以来始终是净出口。随着经济的持续快速发展，煤炭的进口量增长迅猛，煤炭出口量逐年下滑。2009 年，我国累计进口煤炭 1.26 亿吨，较前一年增长 211.9%；出口煤炭 2240 万吨，下降 50.7%；煤炭净进口量达 1.03 亿吨，首次成为煤炭净进口国（新华网，2010-1-22）。

我国转变为煤炭净进口国由诸多因素导致。从我国煤炭需求和进口层面分析，第一，受 2008 年全球金融危机影响，2009 年，国际煤炭价格一度暴跌，造成国内外煤炭价格倒挂。截至 2009 年 11 月 12 日，国际煤炭每吨报价 76.75 美元，作为国内煤炭市场风向标的秦皇岛煤炭报价为每吨 580 元，扣除航运成本后，比进口煤到岸价每吨高出 70～80 元，秦皇岛港与纽卡斯尔港离岸价差约 20 美元/吨（崔民选，2010）。南方沿海电厂购买国际优质煤炭的成本低于购买国产煤炭，企业进口煤炭意向剧增。

第二，2009 年，煤电企业之间关于年度合同电煤价格的谈判僵持逾 8 个月，双方坚持各自定价不肯让步，当年 12 月 17 日，国家发改委宣布彻底退出"煤电谈判"，结束了长达 16 年的煤炭价格管制，最终导致"煤电谈判"以破裂告终。加上我国自 2009 年起鼓励能源进口，对进口煤炭实施最低零关税的政策，于是电企开始将进口煤炭作为重要渠道之一，促使我国煤炭进口量急剧增加。

第三，2011 年日本核泄漏危机发生后，国务院常务会议于 3 月 16 日决定，在新的核安全标准出台前，暂停审批核电项目，包括已经开展前期工作的项目。这对火电增产提出更高要求，使得国内对煤炭的需求保持旺盛。

我国煤炭产量和出口量的变化也是助推我国于 2009 年成为煤炭净进口国的主因之一。其一，我国煤炭产量的增速减缓。这是由于 2009 年以来，为提高产业水平和产业集中度、增强安全保障能力，山西、贵州、河南等省展开了煤炭资源整合与煤企兼并重组。该年全国累计关闭小煤矿 1000 个，煤矿数下降到 1.5 万个（崔民选，2010），"多、小、散、低"的煤炭产业格局趋于转变，煤炭供应涨幅减少。其二，我国煤炭资源区与消费区分布不协调，将煤炭资源区的煤炭运到消费区，主要依靠铁路、公路、沿海和内河水运，尤以铁路运输为主，煤炭运输占据近一半的全国铁路运力（World Nuclear Association，2011）。近几年我国铁路建设速度相对于煤炭产量的增速显得缓慢，导致煤炭铁路运输的不足成为制约我国煤炭产量的一个瓶颈。其三，金融危机的爆发导致日本、韩国、菲律宾等亚太主要煤炭消费国需求锐减，加之上述国内外煤炭价格倒挂的局面，日韩等国减少了从我国进口煤炭，转向国际市场购买。此外，自 2007 年起，我国取消了煤炭等资源性产品的出口退税，2008 年 8 月又将焦炭的出口税率由 25% 提高到 40%，炼焦煤的出口税率由 5% 提高至 10%，这些调整使得国内煤炭企业出口成本增加，煤炭出口逐渐减少。

正是上述煤炭产需、进出口等方面因素的共同作用，我国于 2009 年首次成为煤炭净进口国，净进口量逐年增加。2011 年，在火力发电、粗钢和水泥三大主要用煤行业的带动下，我国共进口煤炭 1.824 亿吨，同比增长 10.8%；出口煤炭 1466 万吨，下降 23%；净进口 1.68 亿吨，增长 15.2%。由于全球经济增长疲软，日本钢铁生产受到打击，炼焦煤需求不振，加上地震和海啸导致日本东北部重要燃煤电厂遭到破坏，2011 年日本累计进口煤炭 1.752 亿吨，较前一年下降 5.1%（人民网，2012-03-02）。于是，2011 年，我国超越日本成为全球最大的煤炭进口国（见图 1）。

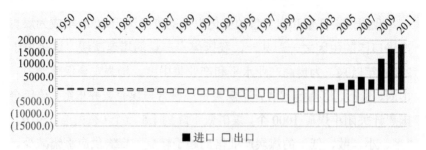

资料来源：根据《中国统计年鉴》（历年）和 *China Energy Databook*（2008）的数据整理而成。

图1 中国煤炭进出口（单位：万吨）

澳大利亚一般将煤炭分为黑煤与褐煤两大类。黑煤比褐煤更加坚硬，热值更高，因此澳大利亚出口煤炭以黑煤为主，而作为低阶煤的褐煤仅用于满足国内需求，主要供维多利亚州褐煤产地附近的发电之用。澳大利亚地广人稀，煤炭需求总量增长有限，产量远高于其国内消费量，有大量多余的煤炭可供出口。如图2所示，澳大利亚黑煤的消费量增长较为平稳，产量增势却非常迅猛，因此其黑煤出口量占产量的3/4之多。黑煤（包括动力煤和炼焦煤）当之无愧地成为澳大利亚出口量最大的商品。

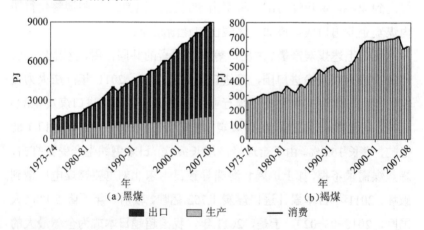

资料来源：Geoscience Australia and ABARE. *Australian Energy Resource Assessment* [M]. Canberra: Geoscience Australia, 2010.

图2 澳大利亚黑煤与褐煤产量、消费量与出口量（1973-74～2007-08）

中国煤炭供不应求和澳大利亚煤炭供过于求的状况构成了两国间煤炭贸易合作的供需背景。

二是从数量和储采比来看，截至 2011 年底，世界煤炭剩余探明储量 8609.38 亿吨，其中中国和澳大利亚煤炭探明储量的世界占比分别是 13.3% 和 8.9%，位列全球第 3 和第 4 位。尽管我国煤炭探明储量居于澳大利亚前一位，但若计算储采比，按照当前中国煤炭的生产水平，我国煤炭资源尚可开采的年数仅为 33 年，低于 112 年的世界平均水平，更远低于澳大利亚 184 年的储采比（BP，2012）。从长远看，我国煤炭储量难以满足国内日益增长的能源消费需求，而澳煤储采比更利于可持续发展。

三是从质量差异来看，我国煤炭品位较差，而澳黑煤品位很高，具有灰分低、硫分低、热值高的优点，尤其在现今注重环保的大背景下，以上优点使得澳黑煤更受各煤炭进口国的青睐。

四是从煤炭资源分布来看，中国的煤炭资源尽管分布广泛但却不均衡。除了上海市，全国 31 个省、市、自治区（不包括台湾省）都有煤炭探明储量。我国煤炭资源大致呈现北多南少、西多东少的分布特征，煤炭资源分布和消费区分布不协调，90% 的煤炭查明资源储量富集于华北、西北和西南，这些地区的工业产值却低于全国工业总产值的 30%，而煤炭资源仅为全国 10% 左右的东北、华东和中南地区的工业产值却占全国的 70% 以上。东北地区一半以上的煤炭资源位于黑龙江省，而其工业却集中在辽宁省；华东地区的煤炭资源富集于安徽和山东两省，但其工业主要位于以上海为中心的长三角地区；中南地区的煤炭资源集中在河南省，而工业主要在武汉和珠三角地区；西南地区的煤炭资源集中在贵州，工业则主要位于四川省（黄盛初，2009）。我国国内的煤炭运输多半依靠铁路，而煤炭铁路运力不足使我国煤炭产量受到掣肘。澳大利亚的煤矿大多分布于沿海地带，非常便于将煤炭先由铁路运输到新南威尔士州和昆士兰州的各港口，再从这些港口经海运出口到国际市场。除了产煤区与煤炭出口港临近外，澳大利亚的港口和铁路运输设施较为完备，也便于煤炭的运输和出口。

五是从煤炭的开采条件看。我国煤炭资源的地质开采条件较差，大部分需要井下开采，只有极少量可露天开采。而澳大利亚 77%的黑煤采用露采（Geoscience Australia，2010）。较之井采，露采具有建设速度快、易开采、劳动生产率高、成本低、劳动条件好、安全性高、矿石回收率高等诸多优点。

此外，还有两大不容忽视的因素，即地理位置和政治环境因素。与世界另两大炼焦煤出口国美国和加拿大相比，澳大利亚与亚洲市场尤其是中国的距离更近，因而输华煤炭的海运成本更低；澳大利亚的政治环境比较稳定，有利于煤炭的长期、稳定和可靠的出口。

上述所有因素使得澳大利亚的煤炭对中国具有非常大的吸引力，构筑了中澳两国煤炭贸易合作的坚实基础。

二、中澳煤炭贸易的合作实践

二十多年来，中国从澳大利亚进口煤炭的数量详见表 1 和表 2。

表 1　澳大利亚对华出口煤炭数量及占澳煤炭出口比重
（1990-91～2010-11）

（单位：百万吨；%）

年度	数量	占比
1990	0.30	0.3
1991	0.31	0.3
1992	0.62	0.5
1993	0.56	0.4
1994	1.30	1.0
1995	1.57	1.1
1996	1.80	1.2
1997	1.81	1.1
1998	2.91	1.7
1999	2.30	1.3
2000	1.03	0.5

年度	数量	占比
2001	2.99	1.5
2002	4.67	2.2
2003	5.52	2.5
2004	5.48	2.4
2005	6.21	2.7
2006	6.19	2.5
2007	3.01	1.2
2008	23.15	8.8
2009	41.20	14.1
2010	31.39	11.4

资料来源：根据历年 Australian Commodity Statistics 和历年 Energy in Australia 的数据整理和计算所得。

表2 中国自澳大利亚、印尼、越南进口煤炭数量及占中国煤炭进口比重

（1998－2010）

（单位：百万吨；%）

年份	澳大利亚	占比	印尼	占比	越南	占比
1998	1.18	74.7	0.00	0.0	0.02	1.0
1999	1.10	65.6	0.00	0.0	0.13	7.8
2000	1.29	60.9	0.21	10.1	0.21	9.7
2001	0.67	26.9	0.84	33.9	0.36	14.3
2002	4.49	41.5	1.94	17.9	2.24	20.7
2003	5.10	47.4	0.78	7.2	2.49	23.2
2004	5.35	28.8	1.32	7.1	6.18	33.2
2005	5.88	22.5	2.40	9.2	10.19	39.0
2006	6.90	18.0	5.17	13.5	20.08	52.5
2007	4.14	8.6	11.24	23.4	24.62	51.3
2008	3.54	8.8	11.19	27.7	16.91	41.9
2009	43.95	34.9	30.31	24.1	24.08	19.1
2010	36.96	22.4	55.03	33.4	18.05	11.0
2011	32.54	17.9	64.70	35.5	22.07	12.1

资料来源：根据 China Energy Databook（2008）和 www.coal.com.cn 的数据整理和计算所得。

目前，中国主要的煤炭来源国是印尼与澳大利亚，自两国进口煤炭量占进口总量 5 成以上。但印尼和澳对中国煤炭供应的作用无法相互替代。因为澳对华出口煤炭主要为用于炼钢的炼焦煤，而印尼对华出口煤炭大多是用于发电的动力煤。2010 年，澳出口中国的煤炭中炼焦煤占比为 63%，印尼出口中国的煤炭中动力煤占比为 95%（Tu，2012-02-16）。

根据表 1 数据，可将中国从澳进口煤炭数量绘制成图 3。

由图 3 可见，自 20 世纪 90 年代初至 2007-08 财政年度，中国进口澳煤炭量平稳波动，到 2008-09 财年，中国自澳进口煤炭量猛增至 2315 万吨，是 2007-08 财年的近 8 倍。一方面，由于前文所分析的因素，中国的煤炭净进口量大幅增加；另一方面，受全球金融危机影响，国际市场煤炭需求减少，作为煤炭出口大国的澳大利亚加紧开拓中国市场。2009-10 财年进口量更飙升至 4120 万吨。2010 岁末 2011 年初，澳炼焦煤主产区昆士兰州和新南威尔士州连降豪雨，炼焦煤生产和基础设施遭到严重损坏，导致产量和出口锐减，因而 2010-11 年度中国从澳煤炭进口量下降到 3139 万吨。

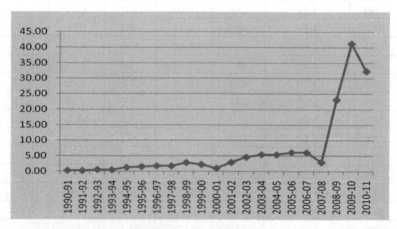

图 3　中国自澳大利亚进口煤炭数量（1990—1991～2010—2011）（单位：百万吨）

2010 年迎来了中澳历史上最大的合作项目，也是澳大利亚有史以来最大的出口合同。当年 2 月 6 日，由中国冶金科工股份有限公司承建、中国进出口银行提供贷款支持的澳大利亚源库资源公司旗下名为"中国第一"的动力煤项目，确定了最大的用户——中国电力国际有限公司。源库资源与中电国际签订了预估金额 600 亿美元的煤炭贸易框架协议，在 20 年内，每年由"中国第一"动力煤项目为中电国际提供 3000 万吨煤炭。"中国第一"动力煤项目位于澳大利亚昆士兰州，煤炭储量超过 10 亿吨，项目总投资超过 70 亿美元。预期投产时间为 2013 年，年产煤炭 4000 万吨（新华网，2010-02-08）。昆士兰州长安娜·布莱表示，这项工程将创造多达 7500 个工作岗位，并为该州带来巨额税收（Queensland Government，2010-02-06）。

比较表 1 和表 2 可知，澳对华煤炭出口量占其煤炭出口总量的百分比长期较小，2008-09 财年中国自澳进口煤炭数量激增后其比例才显著提高，而澳大利亚却与印尼、越南同为中国进口煤炭的重要来源地。换言之，在中澳煤炭贸易中，双方相互的重要性并不对称，澳大利亚对于中国的重要性甚于中国对于澳大利亚的重要性。然而，不可否认的是，尽管澳大利亚最大的煤炭出口市场是日本和韩国，其煤炭出口增长最快的目的国却是中国。中国从澳进口煤炭量的增加对澳大有裨益，因为受全球金融危机的影响，发达国家对澳大利亚煤炭的需求或减少或增量放缓，而中国进口的增长抵消了发达国家需求的下滑（ABARE，2010）。另外，从中澳煤炭贸易量在各自煤炭进出口总量中占比的变化，可以看到这样的趋势：中国对于澳大利亚煤炭出口的重要性逐步提升，而澳大利亚对于中国的重要性近年来略有降低。煤炭在我国能源生产和消费结构中所占据的绝对优势，意味着煤炭供应关系着我国的能源安全，因此，澳大利亚在中国进口煤炭总量中所占比例的减少，与我国试图将煤炭进口来源多元化以确保能源安全的做法不无关系。当然，蒙古和越南等国煤炭价格低廉以及地理位置更接近中国等优势，也促使中国越来越多地从这些国家进口煤炭。

事实上，中国煤炭进口在维持高位的同时，进口渠道已经发生了较大的变化。以炼焦煤为例，由于其炼焦煤的价格和区位优势，蒙古已经取代澳大利亚成为中国最重要的炼焦煤供应国。数据显示，蒙古占我国炼焦煤进口贸易的比重已经由 2009 年的 11.56%上升到 2011 年的 45%，而澳大利亚则自 65.8%下降至 20%（于孟林，2012-01-16）。

三、中澳煤炭贸易影响因素

展望中澳煤炭贸易合作的未来发展，中国从澳大利亚进口煤炭的数量将受到各方面因素的综合影响。

（一）中国煤炭需求

我国"富煤贫油少气"的能源储备特征和旺盛的内需意味着未来我国对煤炭的需求将继续增长。此外，尽管我国煤炭探明储量位居全球第 3，但炼焦煤非常短缺，仅占煤炭储量的 1/4（新湖期货研究所，2012-05-26）。中国曾经是主要炼焦煤出口国，但随着工业的加速发展，主要用于钢铁生产的炼焦煤的需求不断攀升。为填补缺口，我国炼焦煤进口量增长迅猛，于 2004 年转变为炼焦煤净进口国。炼焦煤进口增长态势在未来较长时期内仍将持续。

（二）澳煤炭供应

据预测，在到 2029—2030 财年的未来 20 年中，澳大利亚国内的煤炭消费量将以 0.8%的年均速度减少，同期其煤炭产量将以 1.8%的年均速度增加。另一方面，中国、印度以及其他发展中国家对电力和炼钢原料持续增长的强劲需求将促使澳大利亚的煤炭出口以 2.4%的年均速度持续稳步攀升（Geoscience Australia and ABARE，2010）（见图 4）。

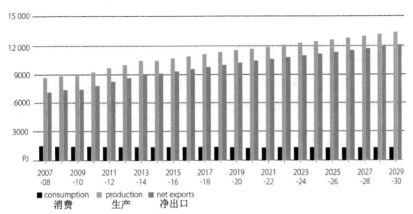

资料来源：Syed，Arif，Jane Melanie，Sally Thorpe，et al. *Australian Energy Projections to 2029-30* [M]. Canberra: ABARE, 2010.

图4 澳大利亚未来煤炭消费、生产和净出口预测

（三）煤炭价格

中国每年需进口大量煤炭以填补国内供应短缺，这是不争的事实，但具体从澳进口煤炭量会根据国内煤价与澳出口煤价的高低有所变化。澳煤价格低于国内煤价时，沿海地区会进口更多煤炭；若澳煤价格过高，除购买本国煤炭外，我国也会从其他国家进口煤炭。总的说来，只要价格合理，中国将继续从澳大利亚进口煤炭。

（四）碳减排政策

作为世界上人均碳排放量最多的国家之一，澳大利亚自2012年7月1日起，开始实施一项清洁能源新政策——征收"碳税"和"矿产资源租赁税"。"碳税"的主要征收对象是澳大利亚排名前500位的碳排放大户，这些企业须以23澳元/吨的价格，向政府交纳碳排放税。据测算，在应缴税企业中，涉及煤矿开采和其他矿业的企业有约100家。"矿产资源租赁税"的征收对象则是年利润在7500万澳元以上的煤炭和铁矿企业，税率经核减后为应税利润的22.5%（郭济，2012-05-03）。尽管工党政府一再强调，两税的征收不会影响外国企业对澳大利亚的贸易和投资，但从长远看，这些企业最终会把运

营成本的上升转嫁到消费者身上,从而可能影响澳大利亚煤炭价格的竞争力。

(五)煤炭运输基础设施

澳大利亚铁路和港口运能的扩张能否跟上煤炭产量的提高、保障煤炭出口的稳定和发展,也对我国进口澳煤的数量构成影响。

(六)他国竞争

一方面,中国面临来自印度的竞争。印度与中国同为经济发展速度很快的发展中国家,与中国一样亟须煤炭供应以保障其经济发展。另一方面,澳大利亚面临来自印尼、越南、蒙古和俄罗斯等国的竞争。为保障能源供应安全,中国日益重视市场多元化,从更多国家进口煤炭。此外,这些国家与中国距离临近,相较于澳大利亚更具区位优势,因而也就具有运输成本优势。

四、结语

中澳煤炭贸易有着坚实的合作基础。澳大利亚在国际动力煤与炼焦煤市场(尤其在太平洋市场)的地位举足轻重,对缓解中国的煤炭供应紧张、保障经济发展有益。而中国是澳大利亚煤炭出口增长最快的目的国,对澳大利亚出口收入增长有积极贡献,也为澳大利亚煤矿业创造了无数就业机会。毋庸赘言,中澳煤炭贸易合作有很强的互补性,并且互利双赢。然而,中澳煤炭贸易中互相重要性不对称的问题应引起我们的警觉。我们应从中澳非对称的铁矿石贸易中吸取经验教训,因为贸易重要性低的一方必然处于被动的窘境。为保持和深化中澳煤炭贸易良好的合作,同时又不过分依赖澳煤导致合作失衡,从而保障中国煤炭供应安全,提出建议如下。

(一)进一步实施国际化发展战略,掌握上游煤炭资源

自 2003 年起,我国煤电企业相继走出国门,实施国际化发展战

略。在澳煤炭资源投资与开发的两大先驱——中国华能集团和兖州煤业之后，广东粤电集团、神华集团、中国冶金科工股份有限公司、中国煤炭进出口公司等煤电企业也纷纷投资澳煤企。我们需要进一步实施"走出去"战略，灵活运用各种投资形式，或独资、合资，或并购、参股，参与到澳煤炭产业链中，力争掌握更多的上游煤炭资源，以应对来自印度、日本、韩国等国的竞争，保障煤炭供应的持续稳定。

（二）进一步拓展进口渠道，确保煤炭供应稳定

煤炭进口过分依赖任何一个国家都不利于煤炭供应的安全稳定。我们应根据不同地区的不同需要，充分考虑地缘、价格等各方面因素，灵活选择煤炭进口来源国，并使进口渠道多元化，从而确保煤炭供应稳定。

（三）加速铁路建设，保障煤炭运输

在肯定澳大利亚对中国煤炭供应积极作用的同时，不能过分夸大。以2010年为例，当年中国煤炭消费量为17.135亿吨油当量，而澳煤产量为2.354亿吨油当量。即使澳将生产的煤炭全部出口中国，对我国而言也只是杯水车薪。换言之，我国的煤炭消费主要依靠国内供应。而我国煤炭生产和消费区分布不平衡，需要北煤南输、西煤东运，因此，保障国内煤炭供应对铁路运力提出了很高的要求。而铁路建设无法跟上煤炭产量增长，致使煤价与澳进口煤价相比不具竞争力，南方沿海地区电厂转而选择进口煤炭。加快铁路建设，保障煤炭运输安全畅通，有利于南方电厂减少对进口澳煤的依赖。

（四）大力发展洁净能源和可再生能源，加快能源技术发展

承认煤炭在我国能源结构中将长期保持重要地位的同时，我们不能忽视过度依赖煤炭造成的环境污染、温室效应、能源利用效率低下、能源可持续供应能力降低等问题。一方面，我们需要大力发展洁净能源和可再生能源，不断减少煤炭在能源结构中的比例，优化能源结构；

另一方面，加快能源技术发展，学习澳大利亚等国的先进经验，引进国外先进技术，包括洁净煤、煤制清洁液体燃料、碳捕集和封存等技术，以提高能源利用效率、减少二氧化碳排放。

事实上，中澳煤炭领域的合作已从单纯的煤炭贸易扩展到注资收购和技术合作。另外，中澳煤炭领域的合作只是中澳能源领域诸多合作的一部分。在煤炭领域，中澳必将开展更加深入的合作，拥有更加广阔的合作前景。

参考文献

［1］ABARE (Australian Bureau of Agricultural and Resource Economics). *Energy in Australia 2010*［M］. Canberra: Department of Resources, Energy and Tourism, 2010.

［2］BP. *BP Statistical Review of World Energy June 2012*［M］. London: BP, 2012.

［3］Geoscience Australia and ABARE. *Australian Energy Resource Assessment*［M］. Canberra: Geoscience Australia, 2010.

［4］Geoscience Australia. *Australia's Identified Mineral Resources 2010*［M］. Canberra: Geoscience Australia, 2010.

［5］Queensland Government. Premier Bligh welcomes $60 billion deal-thousands of jobs for Queensland［EB/OL］. http://statements. cabinet.qld.gov.au/MMS/StatementDisplaySingle.aspx?id=68399,［2010-02-06］.

［6］Syed，Arif, Jane Melanie，Sally Thorpe，et al. *Australian Energy Projections to 2029-30*［M］. Canberra: ABARE, 2010.

［7］Tu, Kevin Jianjun and Sabine Johnson-Reiser. *Understanding China's Rising Coal Imports*［EB/OL］. http://carnegieendowment.org/ files/china_coal. pdf, 2012-02-16.

［8］World Nuclear Association. *Nuclear Power in China*［M］.

London: WNA, 2011.

[9] 崔民选. 能源蓝皮书：中国能源发展报告（2010）[M]. 北京：社会科学文献出版社，2010.

[10] 郭济.澳大利亚7月开征碳税和矿产税[EB/OL]. http://finance.sina.com.cn/world/qtdq/20120503/144311977609.shtml，2012-05-03.

[11] 黄盛初. 2009中国煤炭发展报告[M]. 北京：煤炭工业出版社，2009.

[12] 人民网. 中国超越日本成为全球最大煤炭进口国[EB/OL]. http://japan.people.com.cn/35463/7722551.html, 2012-03-02.

[13] 新湖期货研究所. 我国炼焦煤资源及定价机制[EB/OL]. http://zqdb.hinews.cn/html/2012-05-26/content_482263.htm, 2012-05- 26.

[14] 新华网. 澳大利亚600亿美元煤炭拟售中国电力[EB/OL]. http://news. xinhuanet.com/fortune/2010-02-08/content_12951072. htm, 2010-02-08.

[15] 新华网. 我国 2009 年首次成为煤炭净进口国[EB/OL]. http://news.xinhuanet.com/fortune/2010-01-22/content_12857804.htm, 2010-01-22.

[16] 于孟林.我国将持续煤炭净进口国局面[EB/OL]. http://www.ccoalnews.com/101778/101799/175142.html，2012-01-16.

德译《水浒传》

——欧洲最早、最奇、最经典的译本[①]

German Translations for *Outlaws of the Marsh* —the Earliest, the Most Unique and the Most Classical Translation

宋健飞

提　要: 中国古典文学名著《水浒传》一百多年前曾在欧洲被广为译介,国内学界一般认为法国汉学家巴赞是欧洲最先翻译水浒故事片段的译者,但史料证明,德国汉学家在 1834 年就节译了该小说中的章回,这一时间比巴赞的翻译早了 16 年,此后陆续问世的德译本《水浒传》也各具特色,形成了欧译《水浒传》之林中的独特风景。本文对《水浒传》三个德译本及其译者的情况做了粗浅的梳理,以实例阐述了其各自的特征。

关键词:《水浒传》;欧洲首译版本;德译版本分析

Abstract: The Chinese literary classic *Outlaws of the Marsh* was widely translated in Europe more than 100 years ago. Chinese scholars generally believe that the French sinologist A. P. L. Bazin is the first European translator for the translation of fragments from *Outlaws of the*

---

① 此文发表于《外语教学理论与实践》2015 年第 1 期。

Marsh". But it is historically proved that a German sinologist did the translation of fragments from "*Outlaws of the Marsh*" already in 1834. It was 16 years earlier than Bazin's. At the same time, thereafter gradually came out many versions of German translation for this novel with their own characteristics, which formed a unique style in the European translation for "*Outlaws of the Marsh*". This paper analyses three German versions of the translation for the novel and their translators, thus to illustrate their features by examples.

Key words: "*Outlaws of the Marsh*"; the first European translation; Analysis of the German translations

1. 概述

《水浒传》作为中国第一部白话长篇小说，其引人入胜的故事情节，生动形象的人物刻画，行侠仗义的英豪气概，桀骜不驯的山野气息，通俗流畅的叙事语言，长期以来为中国老百姓所喜闻乐见，也早就引起了各国汉学家的译介兴趣，一个多世纪以前就先后被译成十余种语言，在目的语国家产生过不同程度的影响。在欧洲，德国是较早引入水浒故事的国家，《论语》第一个德译本的译者汉学家威廉·硕特①于 1834 年将水浒中第一回和有关武松的片段译成了德语（Walravens，2001:8），发表在当时的《外国文学杂志》②上，这一时间比迄今为止国内学界所认为的欧洲最早的《水浒传》译本，即巴赞③于 1850 尝试节译的法文译本早了 16 年。遗憾的是，随着世事的变迁，硕特本人已被人淡忘，这一事实也湮没在苍茫的汉学史海里。

---

① Wilhelm Schott（1802—1889）。

② 德文杂志 *Magazin für die Literatur des Auslandes* 是出版于 1832 至 1915 年间的外国文学周刊，出版地先在莱比锡，后迁往柏林，内容以译介德国以外的国家尤其是东方国家的文学为主。

③ 法国著名汉学家巴赞（A. P. L. Bazin），曾于 1850 年翻译了《水浒传》中武松与潘金莲的故事片段 "Histoire de Wou-Sonqet de Kin-Lien"，后收入法国巴黎出版的《现代中国》（*Chine moderne*）一书中发表。

此后，陆续又有零散的故事章节被译成德语，其内容也大都集中在书中的个别典型人物的故事上，标题直接体现涉及的人和事，如 1904年马克西米立安·克恩翻译的《鲁达入伙始末记》[①]和汉斯·鲁德尔斯贝格分别于 1914 和 1924 年翻译的《卖炊饼武大郎的不忠实妇人的故事》《永清寺》，又译《圣洁的寺院》，[②]等等。1927 年，德国作家**阿尔贝特·埃伦施泰因**参考《水浒传》七十回的版本，译写出了一部标题惹眼的长篇小说《强盗与官兵》[③]，首次用整本书的形式让德国读者注意到了这部民间色彩浓厚的"武侠小说"，并且为欧美其他语种译介《水浒传》提供了样板。7 年之后，德国著名汉学家、文学翻译家弗朗茨·库恩[④]才在综合《水浒传》原著不同版本的基础上推出了一百二十回的德译本。虽然该书的章节划分看似洋洋洒洒，竟然也有一百二十个小标题，但其内容实际上仍然是库恩已经驾轻就熟的节译式版本。尽管如此，德译中国文学之林终于有了一个相对而言能够较为整体反映原著故事大意和主要人物性格、面貌的《梁山泊大盗》。

2. 威廉·硕特译本——欧洲最早的翻译

德国汉学家、翻译家威廉·硕特是 19 世纪德国重要的东方学学者，尽管他研究甚广，著译颇丰，而且一些工作甚至走在他人前面，但在当代却鲜为人知，难得被人提及，是一位被人遗忘的德国汉学前辈。

硕特是将《论语》直接从汉语翻译成德文的第一人，他早年学过神学，在柏林大学修过多门东方语言，后经其在哈勒教过的两位中国学生的鼓动，转向主攻汉语。青年时代的硕特为人谦逊，家境贫寒，

---

① "Wie Lo-Ta unter die Rebellen kam"，由德国汉学家 Maximilian Kern 翻译。

② "Die Geschichte von der untreuen Frau des Kuchenbäckers Wu-ta"、"Im Kloster zur ewigen Reinheit"，由德国汉学家 Hans Rudelsberger 翻译并发表在《中国小说选集》上。

③ Räuber und Soldaten—Roman frei nach dem Chinesischen，由德国作家 Albert Ehrenstein（1886—1950）译写，柏林 Ullstein 出版社. 1927 年出版。

④ Franz Kuhn（1884—1961），德国著名汉学家、翻译家，其翻译的《水浒传》标题为 Die Räuber vom Liang-Schan-Moor，于 1934 年在莱比锡 Insel 出版社问世。

当老师的同时还在杂志兼职，以聊补生活的拮据。由于经济条件有限，他无法前往外地的学术中心做访问交流和搜集资料，因而一度徘徊在学界的圈子之外。硕特在汉学界的起步并不顺利，他的处女译作《论语》始面世就受到质疑，被指责与英国传教士马士曼①的英译本过于贴近而缺乏原创性的阐释，从而暴露出他自学汉语的软肋。后者是早期将《圣经》译成中文的西方翻译大家。如果不是凭借自己的坚强毅力，初次尝试所遭受的打击差一点断送硕特从事汉学研究的前程。

硕特学术生涯的转折点在其接手一项对柏林王家图书馆中文图书的编目工作，其间，他接触到大量中国古籍经典，并借此机会努力提高自己的中文水平，丰富中国文学知识，使自己的汉学研究能力有了显著提高。自1834年起，他发表的译作质量上已经日臻成熟，得到了学术界的认可，后来普鲁士科学院将其选为院士，于是他的研究成果便一发不可收拾，考证诠释，史海钩沉，语言文学，不一而足，每年都有学术论著面世。1833年，硕特就已经在柏林开设中国语言和哲学的讲座，1838年获得了美因兹大学副教授的职称。硕特知识渊博，涉猎甚广，其教学和研究的领域包括了土耳其语、波斯语、汉语、满语、蒙古语、藏语、芬兰语、匈牙利语、察合台语以及日语。除了《论语》之外，硕特还翻译或编译了大量其他经典文献，其中一些文本甚至是西方语言的首次移译。与此同时，他还撰有关于汉语语法、中国文学史、鞑靼语以及阿尔泰语等方面的重要著述。

硕特开始翻译《论语》时年仅二十几岁，他将《论语》划为两卷，分别于1826年和1832年译出，书名为《中国智者孔夫子及其弟子之作》。②此后，便着手尝试翻译了《水浒传》的第一回和武松打虎的两个章节。根据科学考证，德国汉学家、汉学史文献专家魏汉茂③1996年在汉堡大学出版的东亚自然与民俗学会会刊第159－160期上以《武松——为兄复仇的英雄》为题，详细介绍了硕特的节译，他指出："威

---

① （Joshua Marshman, 1768—1837），英国传教士，长期生活在印度，是最早将《圣经》译成汉语并付印的翻译家，著有汉语语法书籍。

② 其德文标题为"Werke des tschinesischen Weisen KUNG-FU-DSÜ und seiner Schüler"。

③ 魏汉茂（Hartmut Walravens）。

廉·硕特是普鲁士科学院院士,柏林威廉大学副教授,亚洲学研究者,其有关亚洲古典语言学、芬兰语、爱沙尼亚语和匈牙利语的纯学术论文,当然还有他对中国文学的研究,特别是对柏林王家图书馆中国文献收藏目录所做的续编,均使我们受益匪浅。在研究这位博学多才的学者时,通过系统地查阅他为之撰稿的杂志刊物,我发现了两段他译自《水浒传》的节选。这一译作不仅在时间上早于其他所有的同类翻译,而且语言上亦相当成功。此外,译者所参照的原文也和迄今为止较受青睐的七十回版本不同,而采用了更早的一百一十四回版本。值得庆幸的是,所有原文的章节历经战乱的劫难,至今完好无损地保存在柏林国家图书馆里。"(Walravens,1996)[①]

魏汉茂在同一篇文章里摘录了硕特 1834 年翻译的《水浒传》节选,现将其中与原著大致对应的选段转载如下。为了便于赏析,笔者尝试对德译本予以部分回译,并附上一百二十回版本的汉语原文予以比照。

表1　Schott（1996）　　　　　　施耐庵（1975：1-9）

| **Die Abenteuer des Hung sin**
Aus dem historischen Romane Schui hu tschuan.
洪信历险记
Im 29sten Regierungsjahr[②] des Kaisers Jin dsung aus der Dynastie Sung II., und im dritten Jahre Kia yeu (d. i. herrliche Hülfe vom Himmel), im Frühling des genannten Jahres brach eine verheerende Seuche in China aus, *die sich von den Ländern im Süden des großen Stromes Kiang nach Norden ausbreitete.* [③] | 第一回　张天师祈禳瘟疫　洪太尉误走妖魔

话说大宋仁宗天子在位,嘉祐三年三月三日**五更三点**,[④]天子驾坐紫宸殿,受百官朝贺。

……层层文武两班齐。 |

---

① 硕特的原译文登载于 1834 年的 *Magazin für die Literatur des Auslandes* 杂志上。
② 仁宗执政二十九年按推算应为 1050 年,而嘉祐三年则是 1058 年,此处纪年时间矛盾。
③ 此叙述原著中没有,或许源自不同版本。
④ 该时间状语没有译出。

宋代第二朝仁宗执政二十九年嘉佑三年（意即：上苍护佑），中国爆发了可怕的瘟疫，势头由江南向北方蔓延。

Am dritten Tage des dritten Monats saß der Kaiser in seinem Audienz-Saal und empfing die Huldigungen der Großwürdenträger. Die hohen Civil- und Militair-Beamten standen, in zwei Reihen geschaart, zu beiden Seiten des Thrones. Aus der Reihe der Ersteren trat ein Dsai siang (geheimer Staatsrath) und sprach: „Sintemal anjetzo eine pestilenzialische Seuche in der erhabenen Residenz grassirt, und das Leben der Unterthanen Eurer Majestät gefährdet: so ist mein unterthänigstes Gutdünken, daß Eure Majestät geruhen mögen, allgemeine Vergebung der Sünden und Verbrechen und Verminderung der Abgaben proklamiren zu lassen, desgleichen durch Opfer die vom Himmel verhängte Plage abzuwenden.

是年3月3日皇帝驾坐宝殿，接受朝贺，文武百官分两排罗列御座两侧。

当有宰相（枢密大臣）从前排出列禀报曰："鉴于京师瘟疫蔓延，危及陛下臣民的性命，臣冒昧请愿，望陛下下诏，释罪赦囚，减免捐税，祈禳天灾。

当有殿头官喝道："有事出班早奏，无事卷帘退朝。"只见班部丛中，宰相赵哲、**参政文彦博** [①] 出班奏曰："目今京师瘟疫盛行，伤损军民甚多。伏望陛下释罪宽恩，省刑薄税，祈禳天灾，救济万民。"

---

① 该人物未予提及。

Der Kaiser nahm diesen Vorschlag wohlgefällig auf, und beorderte sogleich das Kollegium der Han lin, eine Proclamation dieses Inhalts ergehen zu lassen. In allen großen und kleinen Tempeln brachte man Opfer ohne Zahl, aber die Seuche wüthete rastlos fort.

皇帝准奏，即令翰林院拟诏书一道颁发。于是大小寺庙大办祭献，然而瘟疫依旧持续发威。

Jin dsung sah sich genöthigt, die Großwürdenträger noch ein Mal in dieser Angelegenheit zusammenzuberufen. Da trat ein anderer Staatsrath aus der Reihe und sprach: „Sintemal anjetzo die Pestilenz verheerend um sich greift, und Eurer Majestät Unterthanen für ihr Leben keine Bürgschaft haben: so ist meine unmaßgebliche Meinung die, daß Eure Majestät den Thian schi (himmlischen Meister) auffordern lasse, sich hierher zu verfügen, damit er die Seuche durch Opfer und Gebet abwende, und das Volk errette."

仁宗只得再次召集百官商议，其时另一位大臣出列进言道："鉴于当下瘟疫肆意扩散，陛下不能保全万民之安全，以臣愚意，可宣天师奏到此受命，祈禳天灾，救济万民。"

天子听奏，急敕翰林院随即草诏，一面降赦天下罪囚，应有民间税赋，悉皆赦免；一面命在京宫观寺院，修设好事禳灾。不料其年瘟疫转盛，仁宗天子闻知，龙体不安，复会百官计议。向那班部中，有一大臣，越班启奏。天子看时，乃是**参知政事范仲淹** [①]，拜罢起居，奏曰："目今天灾盛行，军民涂炭，日夕不能聊生。以臣愚意，要禳此灾，可宣嗣汉天师星夜临朝，就京师禁院，**修设三千六百分罗天大醮** [②]，奏闻上帝，可以禳保民间瘟疫。"

仁宗天子准奏。急令翰林学士草诏一道，天子御笔亲书，并降御香一炷，钦差内外提点殿前太尉洪信为天使，前往江西信州龙虎山，宣请嗣汉天师张真人，星夜临朝，祈禳瘟疫。就金殿上焚起御香，亲将丹诏付与洪太尉为使，即便登程前去。洪信领了圣敕，辞别天子，不敢久停。从人背了诏书，金盒子盛了御香，带了数十人，上了铺马，一行部从，离了东京，取路迳投信州贵溪县来。

……

---

① 重要历史人物的姓名未译。
② 未译。

Jin dsung billigte den Vorschlag und beauftragte gleich das Kollegium Han lin, einen Abgeordneten an den Thian schi zu ernennen. Die Wahl des hohen Kollegiums fiel auf einen Obersten der Leibwache, Namens Hung sin. Dieser erhielt demgemäß die Weisung, nach dem Berge Lung hu schan (dem Drachen- und Tiger-Berg) im Kreise Sin dscheu, welcher zur Provinz Kiang si gehört, abzureisen, und den himmlischen Meister zu bitten, daß er in der Hauptstadt erscheinen möge.

仁宗准奏，遂责成翰林院提点一学士，去见天师。翰林高士太尉洪信得以入选为使，受命赴江西省信州县龙虎山，去请天师进京。

Nach vorangegangener Abschieds-Audienz versah sich Hung sin mit der Kaiserlichen Vollmacht und dem Gesandten-Stabe, verließ mit einem Gefolge von zehn Mann die Hauptstadt, und reiste nach Sin dscheu. Da er auf seiner Reise nirgends verweilte, so erreichte er in wenigen Tagen den Ort seiner Bestimmung. Die hohen und niederen Beamten von Sin dscheu empfingen ihn ehrerbietigst, und geleiteten ihn am folgenden Tage bis zum Berge Lung hu schan.

且说太尉洪信赍擎御书丹诏，一行人从上了路途。夜宿邮亭，朝行驿站，远程近接，渴饮饥餐，不止一日，来到江西信州。大小官员，出郭迎接。随即差人报知龙虎山上清宫住持道众，准备接诏。次日，众位官同送太尉到于龙虎山下。

……

当下上至住持真人，下及道童侍从，前迎后引，接至三清殿上，请将诏书居中供养着。洪太尉便问**监宫真人**[①]道："天师今在何处？住持真人向前禀道："好教太尉得知：这代祖师，号曰虚靖天师，**性好清高**[②]，倦于迎送，自向龙虎山顶，结一茅庵，修真养性。因此不住本宫。"太尉道："目今天子宣诏，如何得见？"真人答道："容禀：诏敕权供在殿上。贫道等亦不敢开读。且请太尉到方丈献茶，再烦计议。"**当时将丹诏供养在三清殿上，与众官都到方丈。太尉居中坐下，执事人等献茶，就进斋供，水陆俱备。**[③]

---

① 疑误将"道观"当作"道士"。
② 省去未译。
③ 以字面意思直译，恐读者难明其意。

Er trat in den Tempel der „drei reinen Wesen", legte die Kaiserliche Vollmacht auf dem Altare nieder, und fragte dann die *Tao kuan*: „An welchem Orte weilt jetzt der himmlische Meister?" Diese antworteten: „Unser Meister liebt *das Reine und Hohe*. Auf dem Gipfel des Berges hat er sich ein Maongan (heilige Einsiedelei) gebaut in welchem er Tugend übt und sein Wesen veredelt."

……

Am folgenden Morgen nahm er ein Bad, zog neue Kleider an und Schuhe aus Gras, hing die Kaiserliche Vollmacht auf den Rücken, nahm den *Gesandten- Stab* in die Hand und schickte sich an, den Berg zu ersteigen. Nachdem er von den Tao kuan, die ihn eine kurze Strecke begleiteten, geschieden war, sprach er ein Gebet und ging dann allein weiter.

Gebrüll erschallen, und hinter einer Fichten-Gruppe in dieser Schlucht sprang ein ungeheurer Tiger hervor. Hung-sin schrie vor Entsetzen, floh, so gut er konnte, und warf dabei, bald rückwärts gewandt, verstohlene Blicke nach dem Ungeheuer.

……

次日五更时分，众道士起来，备下香汤斋供，请太尉起来，香汤沐浴，换了一身新鲜布衣，脚下穿上麻鞋草履，吃了素斋，取过丹诏，用黄罗包袱，背在脊梁上。手里提着**银手炉**[①]，降降地烧着御香。许多道众人等，送到后山，指与路径。

又行不到三五十步，掇着肩气喘，只见山凹里起一阵风，风过处向那松树背后，奔雷也似吼一声，扑地跳出一个吊睛白额锦毛大虫来。洪太尉吃了一惊，叫声："阿呀！"扑地望后便倒。偷眼看那大虫时，但见：

---

① 银手炉原为户外随身便携暖手器皿，此处似作燃香用具，并非御史权杖。

Sein struppiges Haar hatte die Farbe des Goldes; Die Klauen glichen silbernen Haken; Die Augen sprühten Blitze, der Schweif war wie eine Peitsche; Der Rachen wie ein Blutbecken, die Zähne glichen Speeren. Er fegte mit dem Schweife und brüllte dabei wie der Donner. Die Füchse und Hasen des Berges verkrochen sich allzumal; Von den Hirschen und Rehen des Waldes war keine Spur mehr sichtbar.	毛拔一带黄金色，爪露银钩十八只，睛如闪电尾如鞭，口似血盆牙似戟。伸腰展臂势狰狞，摆尾摇头声霹雳。山中狐兔尽潜藏，涧下獐狍皆敛迹。① …… 洪太尉倒在树根底下，諕的三十六个牙齿，捉对儿厮打。那心头一似十五个吊桶，七上八落的响。浑身却如重风麻木，两腿一似斗败公鸡。口里连声叫苦。大虫去了一盏茶时，方才爬将起来，再收拾地上香炉，还把龙香烧着，再上山来，务要寻见天师。又行过三五十步，② ……
Sein Haar war gescheitelt; den Körper umhüllte ein schwarzes Kleid. An den Füßen trug er Schuhe aus Hanf. *Seine ganze Erscheinung hatte etwas Ungewöhnliches.* 其整个形象有些与众不同。	头绾两枚丫髻，身穿一领青衣，腰间绦结草来编，脚下芒鞋麻间隔。*明眸皓齿，飘飘并不染尘埃；绿鬓朱颜，耿耿全然无俗态。*昔日吕洞宾有首牧童诗道得好：*草铺横野六七里，笛弄晚风三四声。归来饱饭黄昏后，不脱蓑衣卧月*明。③

　　以上引文只是部分节选，根据笔者仔细对比发现，绝大多数用于烘托场景和渲染气氛的情景描写都被删减，从而未能在目的语译本里得到再现。究其原因可以肯定，首先，交织了太多文化元素的此类骈文俪句实在太难翻译，不仅理解源语需要极高的汉学造诣，而且寻觅恰当的译语也绝非易事；其次，这种调动读者和听众情绪的具有中国民间说书风格式的文学手段，即便翻译过去也未必能在目的语文化的

---

　　① 此段细节描写翻译得相当细腻。
　　② 省去未译。
　　③ 仅一笔带过。

语境里发挥同等的功能。所以译者只抓住故事主要线条，省去细枝末节和藻饰赘述，从而突出小说的来龙去脉。硕特的尝试虽不能说非常成功，但毕竟大胆迈出了德译乃至欧译水浒的第一步，比其身后第二位"敢吃螃蟹"的德国译者触碰这部中国文学名著整整早了 70 年。

3. 阿尔贝特·埃伦施泰因译本——欧洲最奇的翻译

阿尔贝特·埃伦施泰因[①]1886 年出生于维也纳，父母的结合是犹太人和匈牙利人联姻。埃伦施泰因年幼时家境贫寒，父亲在一家酿酒厂作财务，全家人的生活仅靠其微薄的薪水维持。而母亲生性要强，为了孩子将来能出人头地，吃苦耐劳也让埃伦施泰因上了高中，尽管学校当时反犹主义盛行。1905 年到 1910 年，埃伦施泰因在维也纳攻博，学的是历史和哲学，虽然后来毕业论文写的是史学问题，但在这期间他早已心仪文学，移情诗歌了。1910 年，埃伦施泰因发表在讽刺刊物《火炬》上的《流浪者之歌》[②]一诗使他一鸣惊人。随着与志同道合者的结识，他以文会友，切磋创作，又陆续在《狂飙》以及《行动》[③]等杂志上推出新的前卫作品，从而逐渐被视为德国表现主义文学流派的代表人物。

第一次世界大战爆发后，埃伦施泰因由于不符合从军条件而被派到军事档案馆做义工。与不少最初被卷入战争狂热的艺术家相反，他从一开始便坚决反战，并发表了多篇立场鲜明的反战文章，引起了一定反响。当然，主战的文人对这种同时局唱反调的做法也颇有微词。1916 至 1917 年间，埃伦施泰因是第一本达达主义刊物《新青年》[④]的

---

① Albert Ehrenstein（1886—1950），德国作家，作品包含了小说、诗歌和散文，文学创作有表现主义倾向，翻译了不少中国文学作品。
② 《火炬》（Die Fackel）是 20 世纪初出版于德国柏林的讽刺性文学刊物，埃伦施泰因的《流浪者之歌》原名为"Wanderers Lied"
③ 两本杂志的刊名分别为 *Der Sturm* 和 *Die Aktion*.
④ *Die Neue Jugend.*

主要撰稿人之一，该杂志由于言论倾向反对威廉皇权统治很快就被官方封杀。第一次世界大战结束后，埃伦施泰因积极支持德国爆发的革命，具有极强的反民族主义和亲社会主义政党的思想。还在战争期间，他就认识并深深爱上了女演员伊丽莎白·贝格纳，为她写下了不少情诗，并在事业上助其成功。19 世纪 20 年代，埃伦施泰因和友人出国旅行，足迹遍及欧亚非三大洲，尤其在中国逗留了较长的时间。在此期间，他对中国文学产生了浓厚的兴趣，译写了许多中国文学作品，为日后的文学创作和译写汲取了重要的灵感与素材。他后来的成功之作《强盗与官兵》①正是基于所搜集的资料，以中国故事为背景的一部长篇小说。

在纳粹上台执政前夕，思想离经叛道、写作风格先锋的埃伦施泰因已经预感到自己将面临的危险处境，于是在 1932 年移居瑞士。1933年希特勒掌权后，他的名字就上了纳粹的黑名单，其作品亦遭焚烧。在客居他乡的生涯里，他开始在杂志上发表流亡文学作品，随后因恐被驱逐出境和引渡回国，不得不辗转多个欧洲国家，变更国籍，最终于 1941 年得以取道西班牙前往美国。抵达纽约后，包括托马斯·曼在内的流亡作家替他争取到了长期居留许可，于是他开始学习英语，靠微薄的稿费维持生活。第二次世界大战结束后，埃伦施泰因于 1949年重返瑞士，后回到德国。在满目疮痍、百废待兴的故土上，曾经名噪一时的埃伦施泰因似乎已经被人遗忘，没有出版商还对他感兴趣。迫于生计，他最终不得不再次背井离乡，回到纽约。1950 年，在经历了两次中风之后，晚景凄凉的埃伦施泰因在贫病交加中死于罗斯福岛上的一家贫民临终护理院，骨灰后来葬于伦敦。

埃伦施泰因才华早显，一生著述颇丰，创作领域涉及诗歌、小说和散文。脱胎于《水浒传》的《强盗与官兵》是阿尔贝特·埃伦施泰因的译写杰作，七十回的内容被其压缩在十一章里，仅剩下了紧紧围绕武松、武大、潘金莲和西门庆等几个主角所发生的故事，并且还在其中张冠李戴地嫁接和移植了原本与水泊梁山风马牛不相及的人物

---

① *Räuber und Soldaten*.

和情节。该书 1927 年由柏林 Ullstein 出版社出版，1931 年经过重新改写后以《正义的谋杀者》①为名重新问世，1932 年 6 月 8 日稍做修改后以同名广播剧形式在科隆电台中进行播放。

在谈及该书的创作初衷时，埃伦施泰因认为，传统上，欧洲人从中国古典小说里读到的东西多为风花雪月和才子佳人，而他本人则对此不屑一顾："……对包裹在这类甜蜜食物上那令人腻味之糖衣的反感，促使我对那些不那么阳春白雪的中国叙事文学产生了兴趣，从而告别了平庸文学那无聊的神圣结局，走进了民间流传的小说，其中《水浒传》，意即'河之岛'，是最受人喜爱之书。数百年来，有亿万中国人读过或从街头说书先生那里听过这部绿林小说。至于其作者施耐庵，人们只知道他生活在 13 世纪。那是蒙古外来入侵者统治的时期，落草为寇者乃小说作者心目中的理想化身，即江湖英雄。……这部七十回小说里的主人公是一百零八个大盗，命运让这些天星、恶魔落入人间，昙花一现地掠过尘世。"（Ehrenstein，1963:185-186）显然，埃伦施泰因译介《水浒传》意在摆脱中国传统古典小说的脂粉气息，给德国文坛带来一股行侠仗义的清风。如前所述，这也符合其内心潜藏的"犯上作乱"的思想和表现主义的艺术风格。埃伦施泰因虽然到过中国，但作为汉语的门外汉，他无法直接从原著翻译这部人物众多、情节曲折的小说，要实现这一愿望只能借助已有的零散译文和与之相关、相近的资料。在《强盗与官兵》的后记中，他首先感谢了一个名叫 Ta Ko An 的中国文人，称其"精通德语，在保留汉语特色的前提下，逐字逐句地翻译了分散在近一百四十回里的诸多重要风土人情之细节，从而使我得以尝试创作出一部值得欧洲人一看的艺术作品"。（同上）其次，他谈及"曾使用了一本早期刊物《东方社会杂志》②上一篇不完整的德语译文作为编造'情节'和结构的素材，故事讲的是一位乡村穷秀才家的生离死别，其原文出自《家宝》（一种中式的藏

---

① *Mörder aus Gerechtigkeit.*
② 一期名为 *Zeitschrift der Morgenländischen Gesellschaft* 的旧杂志上刊载了一篇题为 Sprüche und Erzählungen aus dem chinesischen Hausschatz 的译文，译者为 Dr. Gützlaff 和 Prof. Neumann。

宝盒）一书①"。（同上）埃伦施泰因对这段故事进行了编辑加工，并将这段姚姓乡村秀才的故事作为全书的第一章《新年》放在了卷首。于是，书中才有了姚梦兰这个原本与《水浒传》毫不相干的巾帼角色。同时，他还提到了马克西米立安·克恩和汉斯·鲁德尔斯贝格两位译者早年直接从汉语原文翻译的有关鲁智深和武大郎的片段。显然，所有这些现成的德语文本构成了《强盗与官兵》的主要内容。国内学界一直有种说法，认为《强盗与官兵》一书是埃伦施泰因花钱请了一位留学生为其口述水浒故事一月之久，尔后根据回忆整理而成。经研究，笔者认为这不大可能。因为尽管该书的大部分故事情节与原版《水浒传》相比可谓有天壤之别，但对武松打虎段落的处理却犹如文献式的翻译，和原著惊人地对等，逐字逐句几乎分毫不差。这样的译文，若仅凭道听途说，绝不可能做到。

《强盗与官兵》共分为十一章，分别是：

1. Neujahr （新年）
2. Tiger （老虎）
3. Goldlotos （金莲）
4. Der Zahn Fos （佛牙）
5. Mord （谋杀）
6. Der Gift （毒药）
7. Die Dattelhändler （枣贩）
8. Munglan （梦兰）
9. Gericht （官司）
10. Menschenfleisch （人肉）
11. Silbertael （银锭）

从标题上不难看出，整部作品的内容与《水浒传》的某些故事情节似是而非，若即若离，其中打虎者武松显然是主角。作品主要改编了原著二十二回至二十六回的内容，同时将李逵、杨志、鲁智深、雷横等人的经历分别穿插其中，安在了武松的身上。下面可以

---

① 全称为《传家宝全集》，乃清人石成金所著，是一部集人生智慧、格言庭训、风土人情之大成的传世宝典。

看看该书武松打虎的片段，笔者尝试对德译本予以部分回译，以示其译语之质量：

表 2　Ehrenstein（1963：12-17）　　　施耐庵（1975：270-274）

Tiger 虎	第二十三回 横海郡柴进留宾 景阳冈武松打虎
Es war noch ziemlich weit zur Stadt; vom vielen Laufen im Sonnenbrand fühlte Wu Sung Durst und Hunger. Gegen Mittag erspähte er von fern ein Wirtshaus, als Kennzeichen hing eine Fahne draußen. Auf der Fahne stand triumphierend der Vers: „Nach drei Bechern kann niemand über den Berg." 离县城还很远，在烈日下奔走了多时的武松饥渴交加，时近晌午，他望见远处有一酒店，外面挑着一面小旗，上面不可一世的写着一句："三碗不过岗。"	武松在路上行了几日，来到阳谷县地面。此去离县治还远。当日晌午时分，走得肚中饥渴，望见前面有一个酒店，挑着一面招旗在门前，上头写着五个字道："三碗不过冈"。
Er ging hinein, setzte sich, legte seinen Stock hin: „Wirt! Bringen Sie schnell etwas Wein zum Trinken." Der Wirt brachte drei Becher, Eßstäbchen, einen Teller mit Gemüse, stellte alles vor Wu hin, aus einer Kanne goß er den ersten Becher voll, Wu Sung trank den Wein auf einen Zug aus, lobte: „ Der Wein hat richtige Kraft! Wirt! Haben Sie auch was Gutes zum Essen? "Der dienerte: „Ich habe Ochsenfleisch gekocht!" Wu: „ Ausgezeichnet! Bringen Sie ein wenig, zwei oder drei Pfund, her." 他走进店里坐下，把哨棒倚了，道："店主，快拿些酒来吃。"店主人拿来三个杯子，一双筷子，一盘蔬菜，放在武松面前，又从壶里斟了满满一碗酒，武松一饮而尽，夸道："这酒真有劲！店主，有没有什么好吃的？"酒家道："有烧好的牛肉。"武松道："好极了，切二、三磅来。"	武松入到里面坐下，把哨棒倚了，叫道："主人家，快把酒来吃。"只见店主人把三只碗，一双箸，一碟热菜，放在武松面前，满满筛一碗酒来。武松拿起碗，一饮而尽，叫道："这酒好生有力气！主人家，有饱肚的买些吃酒。"酒家道："只有熟牛肉。"武松道："好的，切二三斤来吃酒。"

Der Wirt ging in die Küche, brachte zwei Pfund gut gekochtes Ochsenfleisch auf einem großen Teller und goß aus der Kanne den zweiten Becher voll. Wu Sung trank ihn wieder in gierigen Zügen auf einmal leer, schmunzelte: „ Guter Wein! Guter Wein!" Der Wirt goß de n dritten Becher voll, und Wu Sung aß das Fleisch und trank den Wein dazu. Der Wirt kam nicht wieder zum Vorschein. Wu klopfe auf den Tisch: „Wirt! Warum kommen Sie nicht, mir noch Wein zu geben?" 店家走进厨房，切了二磅烂熟的牛肉出来，装了一大盘，又倒满一杯酒。武松又是一饮而尽，兴致勃勃地嚷道：“好酒！好酒！酒家又倒满了第三杯。武松吃肉下酒。店主人便不再露面了。武松敲着桌子喊道：“店主人，怎么不给我拿酒来了？”	店家去里面切出二斤熟牛肉，做一大盘子，将来放在武松面前；随即再筛一碗酒。武松吃了道："好酒！" 又筛下一碗。恰好吃了三碗酒，再也不来筛。武松敲着桌子叫道："主人家，怎的不来筛酒？"
Wirt: „Wenn der Herr noch mehr Fleisch möchte, können wir ihm mehr bringen." Wu Sung: „Ich verlangen mehr Wein; aber Sie können mir auch noch Fleisch geben." Der Wirt: „Fleisch können wir Ihnen noch geben, aber keinen Wein mehr." Wu Sung: „Das ist doch komisch! Warum?" Der Wirt: „Haben Sie nicht die Fahne vor meiner Tür gesehen? Darauf steht doch groß und deutlich geschrieben: Nach drei Bechern kann niemand über den Berg." 店主道："客官若要肉，还可以多添些来。"武松道："我要添酒，肉也可以再拿些来。"店主道："要肉还可以给你，酒却不能再添了。"武松："这真叫奇怪。为什么？"酒家道："你没看见我吗门前的旗子吗？上面清清楚楚地写着：'三碗不过岗。"	酒家道："客官要肉便添来。"武松道："我也要酒，也再切些肉来。"酒家道："肉便切来添与客官吃，酒却不添了。"武松道："却又作怪！"便问主人家道："你如何不肯卖酒与我吃？"酒家道："客官，你须见我门前招旗上面明明写道：'三碗不过冈'。"武松道："怎地唤做'三碗不过冈'？"

......

Der Wirt stöhnte: „ Ich meinte es gut, und Sie haben das mißverstanden! Wenn Sie mir nicht glauben wollen-bitte, gehen Sie weiter!"

酒家道:"我是一片好心,可你却当作恶意,如果不信我的话,那你就走你的吧!

酒家道:"你看么!我是一片好心,反做恶意,倒落得你怎地!你不信我时,请尊便自行!"正是:

前车倒了千千辆,后车过了亦如然。

分明指与平川路,却把忠言当恶言。①

......

Beim Laufen stieg ihm der starke Wein zu Kopf, er öffnete seinen Mantel, sich abzukühlen. In seiner Trunkenheit wankte er hin und her, an einem Wald vorbei. Er sah einen großen, schwarzen Felsblock, lehnte seinen Stock hin und wollte auf dem runden Stein schlafen. Plötzlich kam von weitem ein starker Windstoß-als der sich gelegt hatte, hörte er irgendwo im Wald Zweige knacken, wie unter einem dahineilenden Tier. Auf einmal sprang ein Tiger mit weißer Stirn und groß hervorstehenden Augen aus dem Wald. Wu schrie: „Hu!" und rutschte den schwarzen Felsblock hinunter. Er stellte sich nebenhin und packte den Stock fester.

武松走了一阵,酒力上头,便敞开衣服纳凉。他醉醺醺步履踉跄地经过一片树林,瞥见一块黑黢黢的大石头,便把哨棒靠在边上,想在圆石上睡一会儿。这时,突然平地骤起一阵狂风,风停息后,只听得林中树枝断裂,似有野兽奔走。猛然间,树林里挑出一只吊睛白额大虫来。武松大叫一声"啊呀!",从黑石上滑落下来,闪在一侧,顺手拿起哨棒。

......

武松走了一阵,酒力发作,焦热起来。一只手提着哨棒,一只手把胸膛前袒开,踉踉跄跄,直奔过乱树林来。见一块光挞挞大青石,把那哨棒倚在一边,放翻身体,却待要睡,只见发起一阵狂风来。**古人有四句诗单道那风:**

无形无影透人怀,四季能吹万物开。

就树撮将黄叶去,入山推出白云来。

原来但凡世上云生从龙,风生从虎。②

那一阵风过处,只听得乱树背后扑地一声响,跳出一只吊睛白额大虫来。武松见了,叫声:"阿呀!"从青石上翻将下来,便拿那条哨棒在手里,闪在青石边。

......

---

① 省去未译。
② 省去未译。

在以上引文中因篇幅所限未予展示的段落里，该译本的德语译文与原著极为吻合。从对比中可以得知，除了极个别的诗词俪句未译外，埃伦施泰因几乎将《武松打虎》的整段描写一字不漏地译出，以显示自己的自由创译并未完全脱离原著。对一个不懂汉语的译者来说，在尚不具备录音技术的时代，要做到这一点只可能是有现成的译本参照。如果说《强盗与官兵》中有忠实于真实"水浒"的成分，那么也就是这段武松打虎还比较完整地再现了地道的原著风貌。那么究竟是谁帮了埃伦施泰因这么大一个忙呢？难道真是那个神秘的 Ta Ko An 吗？解决此疑问还有待考证。另外需要指出的是，埃伦施泰因在目的语的组织上，多处采用了字面直译的方式，旨在突出小说的原味，传达异域文采，制造反常的新奇效果。例如，用"sein Magen voll von Tusche und Schreibpinsel"（一肚子的墨汁和毛笔）来表示"满腹笔墨"，拿"dass der Mond vor ihr erbleichte, die Fische zu Boden sanken und die Vögel aus der Luft niederfielen"（在她面前月亮为之显得苍白，鱼儿沉到水底，鸟儿从空中跌落）形容"闭月羞花"和"沉鱼落雁"，以"der Held auf Fluß und See"（江河湖泊上的英雄）称"江湖英雄"，等等，诸如此类的译语贯穿全书自始至终，宛如来自野地里的一束奇花异草，与循规蹈矩的德国传统叙事文学语言形成了鲜明的对比。

诚然，从译学角度来看，《强盗与官兵》在对《水浒传》的译介上显然是不成功的，它甚至不能被视为名副其实的翻译，而只是一种译写、编译加混合创作的产物，无法与原著相提并论。然而，或许埃伦施泰因本来就是"醉翁之意不在酒"，仅想借他人之口，抒发自己对现实的情感和胸臆。

4. 弗朗茨·库恩译本——欧洲最经典的翻译

弗朗茨·库恩①1894 年出生于萨克森地区的弗兰肯贝格，父亲是

---

① Franz Kuhn（1884—1961），德国著名汉学家、翻译家，一生翻译了诸多中国古典和现当代文学作品。

当地的市长。1894 至 1897 年间，库恩在德累斯顿—诺伊施塔特上中学，毕业后转入德国瓷都迈森读高中。1903 年起库恩开始在德国莱比锡大学学习法律，从 1904 到 1908 年这段时间里，他游学于柏林大学和莱比锡大学之间，最终于 1908 年在莱比锡通过了司法专业第一次国家考试并在 1909 年获得了博士学位，随即在德累斯顿成为见习公务员。

库恩对东方语言文化的兴趣始于柏林求学期间，当时在攻读法律的同时他就修完了汉语课程，这为其 1909 年被派往德国驻北京公使馆任实习翻译奠定了基础。从 1909 年到 1912 年，库恩在华工作了 3 年，在此期间还做过哈尔滨的副领事，虽然逗留的时间不长，但这短暂的经历却影响了这位中国文学翻译大家此后的一生，使其与古老东方国度的才子佳人、风花雪月、绿林好汉以及奇闻趣事结下了终生不解之缘。回国后，库恩离开了外交部门，也放弃了法律事业，重返学府，开始潜心学习汉学。6 年寒窗苦读，使他的汉语水平和对中国文化的理解有了质的飞跃，20 世纪 20 年代初他开始尝试翻译中国古典文学，从此便一发不可收拾，在近 40 年的文学翻译生涯里，他翻译了近 30 部（篇）中国文学作品，选题范围从长篇名著到话本戏剧，不一而足，可谓译著等身。

早年让库恩在文学翻译领域里崭露头角的突破是其《金瓶梅》译本的面世，这部在国内被视为“淫书”的名著，以其精湛的文学描写、诱人的故事情节和写实的社会风情画面吸引了众多读者的眼球，创下了当时极高的销售记录，并在国际书市上取得了令人刮目的成功。然而好景不长，在 20 世纪 30 年代纳粹反异己文化、迫害知识分子的“扫黄排他”思想意识大清查运动中，《金瓶梅》和诸多异国文艺作品一样厄运难逃，被打入“有伤风化的禁书”之列。40 年代初期，库恩的藏书和手稿曾一度被战火所焚毁，丧失殆尽。第二次世界大战结束后，他重整旧业，再拾文笔，许多以前的译作得以再版，新的译品不断产出，使库恩在国际国内译坛上声誉鹊起，名气倍增。1932 年，库恩就曾获得过莱辛文学奖；1952 年，鉴于其在促进中德文化交流方面的重大贡献，他又荣膺了联邦德国总统授予的功勋十字勋章。与欧洲业余从事文学翻译的人士不同，库恩属于极少数仅以翻译为生的自由职业者，他耐得住寂寞，忍受清贫，甘于简朴，终生未娶，把全部精力都执着地献给了往往出力不讨好的翻译事业，为广大德语读者一睹中国文学的神秘多彩打开了一扇扇窗户，也给东方古国的文化瑰宝走向世界架起了一座金桥。可以毫不夸张地说，库恩在德译中国纯文学事业上所取得的卓越成就，迄今无人能够超越。

《水浒传》是其继《红楼梦》和《金瓶梅》之后于1934年推出的又一部翻译力作，当时距硕特德译《水浒传》的首次尝试已经过去了整整一百年。

弗朗茨·库恩的《梁山泊大盗》①是迄今为止最被认可的《水浒传》德文译本，也被视为欧洲最为经典的译本。与此前对中国文学名著的译介一样，库恩参考了大量文献，从作者、故事的来龙去脉、作品的版本、情节发生的时间、地点到所涉及的历史人物和事件，都做了细致的分析和研究，译前和译中的案头工作十分到位。非常遗憾的是，在决定翻译总体方案上，他遇到了和翻译《红楼梦》《金瓶梅》时同样的控制页数的难题。出于对译著可读性的考虑，也迫于出版商严格限制篇幅的经济压力，库恩不得不放弃了出全译本的念头，仍然采用了节译、编译等手法，通过大量的删减和压缩将全书在规定的页数之内，推出了一部大众普及版的德译《水浒传》。

在译本的后记中，库恩写道："对欧译中国古典文学来说，只有两种可能性可以考虑：要么全译，按严格的语文法来处理原文，面向专业读者圈；要么走自由发挥之路，搞鲜活生动的创新，面向读书也买书的对象。本人的任务在于，让这本中国的大众通俗读物也成为德国大众的通俗读物。……比方说，我把历史脉络太遥远且过分冗长的整个第一回仅用寥寥数语放进了我译本的第一回。原著有关武松、潘金莲和西门庆地从二十三到三十二回的章节我全部省略，因为有关的主要情节在《金瓶梅》里已有描述。……整个译本及其章节的划分均出自我的改编，各个标题都是根据原著的精神意译而来的。所有的缩

---

① Die Räuber vom Liang-Schan-Moor.

减、删除、添加和其他的个人自由发挥，无论在学术上还是艺术上，我认为都是可以为其负责的。"（Kuhn，1975：857-858）

正如库恩所述，或许也是总结了前几部中国文学名著翻译中过于忠实原文而导致的生硬异化现象的经验，库恩在《水浒传》的迻译中一反常态，采用了提纲挈领、画龙点睛的萃取法，将对偶排列的回目化为简洁明了的德语文学式标题，大大增加了小说的可读性和对目的语读者的吸引力。以下仅举前十回的标题为例并尝试予以回译：

表3　Kuhn（1975：865）　　　　施耐庵（1975：1）

Die Räuber vom Liang-Schan-Moor 梁山泊大盗	水浒传
Erstes Buch Der Eiserne Mönch 1. Das betrogene Singmädchen 第一部　铁和尚 第一回　被骗的歌女	第一回　张天师祈禳瘟疫　洪太尉误走妖魔
2. ... und sein Ausbeuter 第二回　歌女的剥削者	第二回　王教头私走延安府　九纹龙大闹史家村
3. Auf dem Fünftafelberg 第三回　五台山上	第三回　史大郎夜走华阴县　鲁提辖拳打镇关西
4. Das vierte Tempelgebot 第四回　第四条庙规	第四回　赵员外重修文殊院　鲁智深大闹五台山
5. Der neue Klostergärtner 第五回　新来的寺庙花匠	第五回　小霸王醉入销金帐　花和尚大闹桃花村
Zweites Buch: Pantherschädel 6. Der Große Luststern 第二部　豹子头 第六回　花花太岁	第六回　九纹龙剪径赤松林　鲁智深火烧瓦罐寺
7. Das Prunkschwert 第七回　宝刀	第七回　花和尚倒拔垂杨柳　豹子头误入白虎堂
8. Im Wildschweinforst 第八回　野猪林	第八回　林教头刺配沧州道　鲁智深大闹野猪林
9.Edelmann Tschai 第九回　君子柴进	第九回　柴进门招天下客　林冲棒打洪教头
10. Im Sträflingslager 第十回　大牢里	第十回　林教头风雪山神庙　陆虞候火烧草场

在回目的翻译上，库恩这回一改旧习，非常明智地摒弃了那种呆板的生搬硬套式的字面对等翻译，转而先将全书按情节发展和内容含量划分为十部，在此框架下每部分别提取出围绕核心人物所发生的重要故事情节的元素再编成十个小标题，使译本的结构显得清晰醒目，从而很好地发挥和体现了文学作品标题的功能。

另外一个值得关注的奇特现象是：懂汉语的硕特翻译得相当自由，文笔潇洒得类似于译写或创作；不懂汉语的埃伦施泰因在其书中确属翻译的部分却紧扣原文，似生怕漏掉任何一个句子成分，可谓绝对忠实。此谜底有待今后通过深入调查和进一步研究考证来揭开。

5. 结语

一部《水浒传》在德国书坛几经译介，前后历时百余年，汉学家和不懂汉语的好事者各显神通，妙笔生花之下也使其异彩纷呈。硕特的译本在时间上具有无可争辩的领先地位，译者虽努力尽可能反映原著的细节，但在对源语的理解和目的语的表达上尚存不足。埃伦施泰因的译本（除了《武松打虎》一章）极尽想象和编造之能事，汪洋恣肆，发挥潇洒，推出了一部别样的"侠盗小说"，可其内容毕竟和原著及史实相差太远，充其量只能算作一本《打虎英雄传》。库恩的译本虽对原著进行了大幅度的删减，但译者基于本人丰富的中国文化、文学素养和翻译经验，在保留原著主要内容和情节的前提下，对小说进行了压缩和重构，打造出了一本至少可以让目的语读者明了原著大意的德文版《梁山泊大盗》，不失为一本可读性较好且有一定研究价值的《水浒传》。综上所述，尽管德译本《水浒传》在该小说欧洲不同语言的译介中，具有最早、最奇和最为经典的特点，但至今尚未有一部德文全译本的《水浒传》问世，这不能不说是一大憾事。惟望在力推中国文学走向世界的 21 世纪，德国汉学界几代人的夙愿有朝一日能得以实现。

参考文献

［1］Ehrenstein, A. Nachwort, *Räuber und Soldaten* ［M］. West-Berlin: Ullstein Verlag, 1963.

［2］Kuhn, F. Nachwort, *Die Räuber vom Liang-Schan-Moor*, insel taschenbuch ［M］. Frankfurt am Main: Insel Verlag, 1975.

［3］Schott, W. *Die Abenteuer des Hung sin Aus dem historischen Romane Schui hu tschuan* ［M］. Hamburg: NOAG, 1996. 159-160, 198-203.

［4］Walravens, H. *Wu sung, der Held und seines Bruders Rächer* ［M］. Hamburg: NOAG, 1996. 159-160, 189-197.

［5］Walravens, H. Vorbemerkung, *Wilhelm Schott (1802-1889) Leben und Wirken des Orientalisten* ［M］. Wiesbaden: Harrassowitz Verlag, 2001.

［6］施耐庵. 水浒传［M］. 上海:上海人民出版社, 1975.